시처럼
살기로 했다

박애란 지음

두 번의 암과 전신통증을 통해 삶의 끝에 섰을 때

그럼에도 인생은 아름답다고 노래한다.

한덤북스

시처럼
살기로 했다

박애란 지음

저자를 처음 진료실에서 만난 건 그녀가 선 항암과 수술을 마치고 9개월의 시간이 지난 즈음이었습니다. 치료의 첫 산은 넘었지만 그 후유증으로 전신 근육통과 무력감에 어깨 통증까지 겹쳐 힘든 상태였습니다. 한마디를 하는 것조차 힘겨워 하였지만 그 목소리에는 패배감이 아닌 강인한 의지가 담겨져 있었습니다. 그동안 어떤 치료를 받았는지, 받으면서 무슨 어려움이 있었는지, 이후 보조적 치료를 왜 하고 있는지를 너무도 잘 알고 있었기에 기초적인 설명을 하는데 시간을 낭비하지 않아도 되었습니다. 이후 반복되는 만남과 몇 번의 시도 끝에 그녀를 괴롭히던 통증에 대한 해결 실마리를 찾을 수 있었는데 이는 본인의 과거 치료 경과와 상태를 잘 이야기해주고 조언을 받아들여 실천한 결과였습니다.

암 환자로 분류되어지는 순간 우리는 먼 훗날의 일로만 여기던 죽음이라는 단어를 마주하게 됩니다. 잘 정돈된 길을 따라 달리고 있던 내 인생이 갑자기 가시밭 험한 길로 내동댕이쳐집니다. 다시 남들과 함께 달리던 길로 돌아가려면 길을 안내할 인도자를 만나야 하고 고장난 차도 수리해야 합니다. 복귀하는 여정이 순탄치만은 않습니다. 이 묘약만 넣으면 엔진이 잘 돌아간다며 유혹하는 장사꾼도 있고 지름길이라며 다른 길로 유인하는 생경한 이도 있습니다. 한 걸음마다 선택의 연속이며 잘 가고 있는지 매 순간마다 의심이 들기도 합니다.

찰나마다 불안하지만 반드시 지켜야 할 점은 운전석에서 이탈하면 안 된다는 것입니다. 불안감을 회피하려 절대로 남에게 운전대를 넘겨서는 안 됩니다. 좋은 안내자를 옆에 두고 잘 따라가야 하지만 내 차 상태를 누구보다 잘 알고 있는 이는 나임을 잊지 않아야 하고 또 그래야만 합니다.

남들에게 꼭 맞았던 부품이 내게는 정답이 아닐 수 있습니다. 딱 한 가지 명답만 있는 것도 아닙니다. 현재까지 표준 치료로 규명된 수술, 항암, 방사선을 통한 현대 의학의 접근조차 분명히 한계가 있는데 산발적으로 널려있는 검증되지 않은 치료들은 더더욱 그렇습니다. 무분별한 정보 속에 옥석을 가리는 것은 매우 힘들기에 여러 시행착오를 겪을 수밖에 없으며 그 결과는 때로 생명과 직결되기에 선택이 쉽지는 않습니다. 타인의 여러 경험담을 반추하여 보통의 상식선에서 납득이 되며 내 몸에 무리가 없는 방안들을 맞춤 선택하는 것이 최선입니다.

여기 또 한편의 안내서가 세상 밖으로 나옵니다. 저자는 투병 과정을 아름답게 포장하지 않고 있는 그대로 기술하였습니다. 경험해보지 않은 사람이 건네는 위로와 조언보다 체험자가 가감 없이 써낸 이 책은 같은 길을 가는 환우들에게 실질적 도움이 되거나 혹은 위안이 될 것입니다. 당신이 찾고 있는 열쇠는 아니더라도 그것을 찾는 단초가 되어주리라는 것은 분명합니다. 또한 투병의 끝은 절망이 아니라 희망이라 노래합니다. 그녀가 어떻게 힘든 과정을 극복하고 건강을 되찾았는지 잘 살펴보시기 바랍니다. 이 책을 찾은 절실한 이유가 있는 당신께 저자의 이야기는 당신의 희망이 되어줄 것입니다.

판교 사랑의병원 **오인명**원장

제가 진행했던 카메라 강좌에 저자가 수강자로 참여하면서 저자를 처음 만났습니다. 암 환자라는 사실을 알았지만, 단정한 외모에 카메라를 배우고자 하는 열정이 남달랐기에 환자라고는 전혀 느껴지지 않았습니다. 이후 저자는 제가 인도하는 말씀 묵상 세미나와 일대일 제자양육 세미나에도 참여했습니다. 역시 남다른 열정을 가지고 참여했습니다.

놀라웠던 것은, 카메라와 말씀묵상과 일대일 제자양육 전부를 열정적으로 배우기도 하셨지만, 열심히 활용하는 모습이었습니다. 배운 내용을 흘러 없어지게 하지 않고 최선을 다해 삶에 적용하는 모습이 참으로 인상적이었습니다.

스스로 사진을 찍으면서 모르는 부분을 저에게 묻고 또 찍고, 그래서 사진이 발전하는 것을 볼 수 있었습니다. 성경 묵상과 일대일 성경공부에 대해서도 열심히 실천하시고 역시 더 발전하기 위해 저에게 질문하셨습니다. 그 과정을 통해 열심히 자신의 것으로 만들어가는 모습에, 가르친 사람으로 큰 보람이 느껴졌습니다.

하나님을 의지하는 순수한 신앙을 가진 저자가, 밝고 긍정적인 에너지와 열정을 다해서 쓴 글이 책으로 탄생하게 되었다는 소식을 들었습니다. 책을 쓴다는 것이 얼마나 고된 작업인지 아는 저로서는, 암 환자로서 이런 일을 한다는 사실에 놀랄 수밖에 없었습니다.

인고의 시간을 거쳐 저자의 삶과 아픔과 기쁨의 이야기가 책으로 출간됩니다. 이 책은 많은 암 환우들에게는 큰 희망과 도움이 될 것이고, 병이 없는 사람에게는 삶과 신앙에 대한 큰 통찰을 줄 것입니다.

상상할 수 없는 고통을 겪으면서도 끝이라 생각하지 않고 삶의 희망을 놓치지 않았던 저자의 이야기를 추천합니다. 저자의 아픔과, 고통과, 눈물이 담긴 이야기와 극복과, 회복과, 감사의 이야기가 독자 여러분에게 큰 감격과, 희망과, 회복을 줄 것을 확신합니다.

말씀의빛교회 **윤용** 목사

이 책에 쓰여진 이야기들은 그녀가 인생 중 겪었던 수없이 많은 다양한 경험과 어려움 속에서도 포기하지 않고 불평하지 않고 오로지 생명의 말씀 안에서 기도의 자리에서, 깊은 영성의 우물 속에서 길어낸 시원한 얼음냉수와 같다고 말하고 싶다.

한 자 한 자 살아서 움직이는 듯한 이 책을 만나게 되는 그리스도인들에게는 위로가 되고 치유와 회복이 될 것이라 믿는다. 그리고 결국은 어떤 상황 속에서도 견디고 이겨낼 승리의 에너지가 될 것이며 또 다른 누군가에게는 도전과 동기부여가 될 것이다. 혹여 비크리스챤이 읽게 된다면 저자의 진솔한 삶의 승리를 통해서 세상이 줄 수 없는 평안과 살아도 살고 죽어도 살고 영원히 살게 되는 주님의 참 생명 안으로 들어와 힘겨운 모든 아픔과 괴로움, 질병까지도 이겨낼 소망이 될 것이다.

자격증이 있는 이론적인 치료자가 아니라 삶의 실제를 통하여 약해진 마음에 깊이 공감하고 동참하고 그 지독한 아픔에 사랑이 담긴 뜨거운 눈물로 함께 울어주며 깊은 수렁으로부터 건져내 살리는 사람이 진정한 치유자라고 생각한다. 사람의 본질, 상처의 본질을 알고 진솔한 사랑을 전하여 우울함 속에 빠져 허우적거리는 고단한 삶에 용기와 희망을 심어주는 사람이 진정한 치유자이다. 저자가 바로 그런 사람이라고 힘주어 말하고 싶다.

나는 저자를 이렇게 표현하고 싶다. 그녀는 앞으로 더욱 장래가 촉망 되는 유능한 씨름 선수다. 그리고 그는 모든 고난과 역경, 쓰나미처럼 부지불식간에 두 번이나 밀어닥친 암이라는 거대한 풍랑을 확실하고도 완벽한 믿음의 기술을 걸어 한판승으로 둘러 매치고 드디어 천하장사라는 타이틀을 거머쥐고야만 진정한 우승자라고..!!

여러분을 생생한 삶의 현장으로 안내하는 이 책은 가슴이 뭉클해서 눈물이 핑 돌기도 하고 고개를 크게 끄덕 거리기도 하고 때론 목젖이 보이도록 웃기도 할 것이다. 그러므로 이 책을 읽는 암 환우나 혹여 나는 끝났다고 생각하는 사람이 있다면 끝났다는 그 생각을 끝내자. 나는 틀렸다고 생각하는 사람이 있다면 그 생각이 틀렸다는 것을 인정하자. 모든 것을 포기하려던 사람이 있다면 그 부정적인 생각을 더 이상 하지 않기로 하고 역사하실 하나님을 기대하며 끝까지 믿음으로 기도하다가 하나님께서 창조하셨던 그 본연의 모습으로 완전하게 회복되는 은혜가 있기를 간절히 바란다.

우리 모두 각자의 인생을 살고 있지만 누구 한 사람 주어진 삶이 어디 그리 만만하던가? 그럼에도 불구하고 삼킬 듯이 덮쳐오는 거대한 풍랑에 이리 채이고 저리 흔들릴 지라도 정신 바짝차려서 말씀의 닻을 올리고 기도의 삿대를 힘차게 저어 엄청난 풍랑을 돌파하고 결국은 승리의 찬미를 드리는 저자와 같이 우리도 이겨내자.

　온 몸이 극심한 통증으로 고통스러울 때에도 감사의 조건들을 찾아 빠른 회복의 치료제를 삼았던 박애란 저자, 여성의 아름다움을 잃어버리고도 여전히 내 인생은 아름답다고 당당하게 말하는 그녀, 결국은 암이 들어오지 못할 튼튼한 집을 완공해낸 저자에게 힘찬 응원의 박수와 함께 마음을 다해 진솔한 경의를 표하는 바이다.

김예정목사
법무부소속 교정위원
큰나무암재활요양병원 원목

병원에서 같이 암으로 투병하며 만난 박애란님은 수려하고 스타일리시한 외모에 미대 교수님이나 화가쯤의 직업을 가진 보호자가 아닐까 오해하며 첫 대화를 하던 기억이 난다. 병원에서 환우들을 위한 치유예배를 섬기며 피아노 반주를 하고 있을 때 선뜻 특별찬양을 불러 주겠다고 해서 성악을 전공했구나 하며 두 번째 오해를 했다. 블로그와 젊은 사람들이 즐겨하는 SNS 등 여러 소통의 창구로 상당한 수준의 사진을 찍어 올려서 사진작가 인가 세 번째 오해를 했었다.

그리고 오랜만에 나타난 그녀는 여전히 밝고 환한 미소로 원고를 들고 와서 본인의 책이 나온다며 추천사를 써달라고 부탁했다. 다양한 달란트를 가지고 늘 평안을 장착한 채 유쾌해 보이는 그녀의 밝은 웃음 속에 숨겨져 있던, 불로 연단된 아픔과 고난의 시간을 읽으며 같이 울고 웃었다.

아픈 사람들을 위로하고자 하는 그 마음을 하나님께서 분명히 귀하게 여기시고 지금까지 함께 해오셨음을 알 수 있었다. 단순히 암 환자의 극복기가 아니다. 그녀가 눈물로 걸어온 길의 치부와 아픔의 흔적을 날것으로 내놓은 글이다. 현재 그런 길을 걷고 있는 자들이 있다면 이 책을 읽어보길 추천한다. 그녀가 평안 속에 거할 수밖에 없는 이유를 알게 될 것이다.

영화 "교회오빠 이관희"의 주인공 **오은주집사**

쉰 살이 된 6월에 나는 두 번째 암 진단을 받았다. 아름다운 나의 50대 인생을 암과 시작하게 될 줄은 꿈에도 몰랐다. 암을 치료하는 과정은 그야말로 휘몰아치는 폭풍 속에서 바다에 떠 있는 작은 배와 같았다. 언제 배가 난파될지, 과연 무사히 부두에 도착할 수 있을지 알 수 없었다.

얼마간의 시간이 흐르고, 부두에 도착했지만 나는 배에서 내리지 못했다. 전신통증을 싣고 또다시 그 폭풍의 바다로 나가야했기 때문이다.

지금 폭풍우가 잠잠해 지고 있다. 그사이 쉰세 살이 되었다. 두 번의 암, 전신통증, 시련의 밤을 해쳐 온 27개월간의 항해 일지를 들여다보니 감사와 눈물이 씨실과 날실처럼 교차했다. 불현 듯 내가 겪었던 고통의 기록이 누군가에게, 특히 처음 암을 겪는 사람들에게 어느 정도 길잡이가 되지 않을까 하는 생각이 들었다.

책을 쓰기 위해 그 폭풍의 현장으로 다시 가보았다. 그곳엔 배 한척이 있었다. 그 배 안에는 눈물이 흥건했다. 토설물의 잔해가 아직 남아있었다. 그 배 안에 내가 있었다. 성난 파도에 정신을 잃고 몸을 가누지 못하고 있었다. 홀로 사투를 벌이는 모습이 가련했다. 너무도 딱했다. 야위어 가는 얼굴, 메마른 발목이 가엾어서 눈물이 나왔다. 안아주고 싶었다. 눈물을 닦아주고 싶었다. 구명조끼를 입혀주고 싶었다. 꿋꿋이 잔인한 폭풍을 해쳐 나오는 모습이 대견스러웠다.

　암과 전신통증의 이중고를 겪으면서 건강한 것이 얼마나 큰 감사인지 알게 되었다. 일상이 기적이라는 것도 뼈저리게 깨달았다. 아픔을 통해서 가족의 소중함도 알았다. 내가 얼마나 소중하며 빛나는 존재인지도 깨닫게 되었고 나를 더 사랑하게 되었다.

　지금은 암 환자 100만 시대에 살고 있고, 국민 3명 중 1명이 암 환자이다. 남성 암 부동의 1위는 폐암이고, 여성 암 1위는 유방암이다. 유방암은 17년째 계속해서 늘어가고 있다. 2020년 유방암으로 신규 진단될 여성 환자를 2만 542명으로 예상하는 기사도 보았다. 해마다 암 환자는 기하급수적으로 늘고 있고, 2020년 1년 동안 한국에서는 총 24만 3263건의 새로운 암 환자가 생겨날 것으로 전망하고 있다. 그리고 암으로 사망하는 환자가 8만 546명이라고 예상하고 있다.

　암 환자들이 해마다 지속적으로 늘어나고 있어서 암 환자들을 위한 정보가 그 어느 때보다 필요하다. 그러나 전문가들의 이론서들은 많지만 정작 암 환자들이 궁금해 하는 책은 찾아보기 어렵다. 그래서 선경험자로서 후배 암 환우들에게 도움이 될 책을 써보자는 생각을 했다. 특히 삼중음성 유방암 투병중인 후배들에게 용기와 힘을 실어주고, 통증으로 고통당하고 있는 친구들에게 위로의 책을 써보자는 마음이 간절했다. 그래서 좌충우돌 나의 경험이 암 환우들에게 약재료가 되기를 간절히 바라는 마음으로 글을 쓰기 시작했다.

1부에서는 유방암 발병과 진단, 항암 치료 과정을 썼다. 처음 유방암 진단을 받았을 때의 심리 상태를 가감 없이 표현했다. 항암 치료 전에 준비해야 할 것과 항암 치료 과정 중에 일어나는 부작용들을 세세히 썼기 때문에 후배 환우들이 항암 치료를 들어가기 전에 몸 준비와 마음 준비에 도움이 될 거라 믿는다.

2부에서는 수술 과정과 수술 후에 생긴 전신통증을 받아들이고 극복하며 치료하는 과정을 썼다. 암 진단을 받았을 때 마음이 무너지고, 통증이 왔을 때는 지하 10층으로 떨어져 버렸다. 그 깊은 웅덩이에서 어떻게 나오게 되었으며 통증을 치료하기 위해서 무엇을 했는지에 대해서 자세히 기록했다.

3부에서는 표준 치료를 끝내고 난 후에 관리하는 과정을 영양 치료, 면역 치료, 운동 치료, 마음 치료, 영혼 치료 다섯 부분으로 나누어서 썼다. 암 환우들은 표준 치료가 끝나면 다 끝난 줄 아는데, 아니다. 이젠 주사위가 나에게 던져진 것이다. 이제부터는 내가 내 몸과 내 마음을 관리해서 다시는 암이 찾아오지 못하도록 튼튼한 성곽을 쌓아야 한다. 먹고 있는 음식과 복용 중인 건강 기능 식품 그리고 통합면역치료를 위해 무엇을 하고 있는지에 대해서 소개했다. 암과 전신통증의 이중고를 겪으면서 찾아온 우울증을 치료하는 과정도 자세히 이야기했다.

4부에서는 나의 든든한 지원군이 되어준 가족과 암 이후 새로운 꿈에 도전하는 이야기다. 암 환자에게 가족의 역할은 굉장히 중요하다. 암 투병은 단거리 레이스가 아니고 장거리 레이스이다. 멀고도 험한 외로운 투쟁이다. 그 멀고 험한 길을 혼자 간다면 얼마나 외롭고 힘이 들까. 가족이 함께 할 때 훨씬 덜 힘들고, 외롭지 않게 완주할 수 있다.

투병하면서 나의 삶이 변했다. 하나님은 나에게 새로운 꿈을 꾸게 하셨고 그 꿈에 도전하게 하셨다. 내가 새롭게 도전하는 꿈 이야기를 소개했다.

질병의 광야에서 하나님을 더 깊이 만나게 되었고 귀로만 듣던 하나님을 눈으로 보게 되었다. 고난을 통해서 신앙이 더 깊어지고 단단해졌다. 고난당한 것이 내게 유익이라는 성경말씀이 해석되어지고 광야를 지나며 이곳이 축복이라고 온 맘 다해 고백하게 되었다. 아직 폭풍우는 멈추지 않았지만 그럼에도 내 인생은 아름답고 우리의 인생은 아름답다.

나는 잠잠히 그 분만 바라보았을 뿐인데, 내 아픔과 연약함은 그대로인데 강해지고 성숙해졌다. 오직 주님만 높임 받기를 원하며, 질병으로 아픈 사람들에게 약재료가 되기를 원하며 이 책을 세상에 내 보내기로 했다. 모쪼록 후배 암 환우들과 그 가족들에게 도움이 되기를 바란다. 그리고 세상 모든 아픈 사람들에게 위로가 되기를 바란다.

삶은 한 편의 오페라와 같다. 잔잔한 서곡이 있고 흥미진진하고 드라마틱한 내용으로 각 장이 채워지면서 최고조의 정점을 찍는 클라이맥스가 있다. 그리고 흥분이 서서히 가라앉으면서 결론 부분에 이르게 되고 이어서 막이 내려지게 된다.

내 삶에서 소용돌이치던 1막이 끝나고 희망의 2막이 시작되었다. 1막에서 모든 것이 끝나는 줄 알았는데 덤으로 2막을 살게 되었다. 오늘이 내 생애 마지막 날이라는 생각으로 감사하며 최선을 다해서 살아가고 있다.

고난의 풀무에서 함께 동행해주시고 내 상처를 치료해 주신 하나님께 온 마음을 담아 감사를 드린다. 이 책이 나올 수 있도록 함께 기도해 주시고 응원해 주신 모든 분들께 진심으로 감사의 마음을 전한다. 항상 내 편이 되어 주고 든든한 지원군이 되어 준 남편 이재열 님과 아들 요셉, 딸 하영에게 감사를 전한다.

목차

추천의 글 / 4

프롤로그 / 13

서문 / 22

저기 맑은 하늘처럼(유방암 진단을 받고...)

1부 ㅣ 두 번째 불청객이 찾아오다

1. 엄마, 울고 싶으면 실컷 울어요. / 27

2. 도둑같은 불청객 / 32

3. 쫄지 말고 정신 차려! / 35

4. 깔딱 고개를 넘으면 평지다. / 40

5. 공포의 빨강 약 / 45

6. 못생긴 모습이 무척 당황스럽다. / 51

7. 눈물의 밥상 / 55

8. 명이각시 열무신랑 / 58

9. 감사, 그리고 희망의 씨앗 / 61

10. 자기 암시 / 63

11. 암은 앎이다. / 69

12. 나를 치료한 유일한 치료약 / 73

13. 미안해 나의 세포들아! / 76

14. 대진표를 바꾸다 / 79

15. 항암의 시계는 돌아가고 있다. / 84

2부 ┃ 생각대로 되지 않으니까 더 멋있다

1. 왜요? 왜 안 드셨어요? / 91

2. 수술을 할 수가 없습니다. / 93

3. 수수께끼가 풀리다. / 97

4. 동굴 탈출 / 100

5. 여성성을 상실한다는 것 / 103

6. 내 몸의 지형이 바뀌었다. / 107

7. 완전관해, 축하해요 / 110

8. 그래도 넌 걸을 수 있잖니? / 114

9. 거북이보다 느려도 달팽이보다는 빠르다. / 118

10. 늙어가는 것이 아니라 익어가는 거예요. / 122

11. 예쁜 꽃을 피우리라. / 126

12. 감정거세 / 129

13. 하나님의 맷돌 / 133

14. 나를 홀대하지 않을 거야 / 136

15. 삶을 해석하는 철학 / 139

16. 삶의 질이 상류층이 되었다. / 142

17. 생각대로 되지 않으니까 더 멋있다. / 145

18. 광야는 축복이다. / 150

19. 내 인생은 오늘보다 내일이 더 아름다울 것이다. / 153

3부 ㅣ 리모델링(Remodeling)

1. 영양 치료-반석을 만드는 기초공사 / 159

  내가 먹는 것이 나를 만든다./ 식습관 바꾸기 / 체질 바꾸기 / 건강 기능식품으로 부족한 영양분 채우기 / 영양 치료를 위해 먹는 건강 기능 식품

2. 면역 치료-튼튼한 집을 짓는 것 / 174

  내 몸을 지키는 컨트롤 타워 / 주사위는 나에게 던져졌다. / 통합 의학적 면역 치료 / 체온을 1도 올리면 면역이 5배 올라간다. / 내가 면역치료를 위해 먹고 있는 건강 기능 식품

3. 운동 치료-멋지게 인테리어 하라. / 185

  움직이면 살고 누우면 죽는다. / 운동을 해야 세포가 살아난다. / 피할 수 없으면 즐기자

4. 마음 치료-마음의 정원을 가꾸자. / 190

  몸이 아프면 마음도 아프다 / 나에게 맞는 마음 치료 찾기 / 내가 체험한 블로그 치료 / 내가 체험한 사진 치료 / 삶 나누기

5. 영혼 치료-암에 걸리면 지고 하나님께 걸리면 이긴다. / 201

  이 땅의 모든 사람은 사형수다. / 마음에 천국이 임해야 한다.

4부 | 가족, 그리고 새로운 꿈

1. 마침표가 아닌 쉼표 / 211

2. 틀린 게 아니고 다름 / 213

3. I have a dream / 218

4. 아픔이 가져다 준 선물 / 221

5. 내 삶을 개척해 가는 내가 멋지다. / 224

6. 하늘향기 / 227

7. 멋지게 재부팅 한다. / 230

8. 시처럼 살기로 했다. / 233

에필로그 / 236

저기 맑은 하늘처럼

가보지 않은 길을 간다는 것이
이토록 나를 긴장케 하고
두려움이 나를 짓누른다.

여기저기 흩어져 널브러져 있던
마음 조각들을 쓱쓱 쓸어 모아
조각조각 붙이고 다림질을 한다.

바람 앞에 꺼져가는 등불처럼
심지가 흔들리고 사라지려할 때
어디선가 딩동 하고 날아오는 메시지가
무너졌던 마음의 성곽을 다시 견고히 세워준다.

생각의 노예가 되지 않으려
고개를 가로젓고
음악을 틀고 경쾌하게 몸을 움직여본다.

상쾌해진 기분으로 생각을 멈추고
그것 위에 계신 그 분을 본다.

많이 늦지 않아 감사하고
함께 하는 이가 있어 감사하고
내 맘 알아주고 내 편 돼주는 이들이 있어
감사한 것이 연달아 꼬리를 문다.

이 바람 앞에 내 고운 마음 흔들리지 않도록
사면에 기둥을 세워 못을 치고
나답게 그렇게 맑고 밝게 그 길을 가보자.

저기 맑은 하늘처럼 맑고 밝게 그 길을 가보자.
온전히 나답게

(유방암 진단을 받고...)

1부

두 번째
불청객이
찾아오다

1. 엄마, 울고 싶으면 실컷 울어요.

숨 가쁘 달리던 어느 오후, 초등학교 담장 밑에 흐드러지게 핀 빨간 넝쿨 장미가 심장이 아리도록 예쁘게 보인다. 난 장미꽃에 홀린 듯 한참을 넋 놓고 들여다보다가 고개를 들어 하늘을 본다. 교회 사역과 일에 바빠서 앞만 보고 달리다 보니 장미꽃이 피었는지, 하늘의 빛깔이 저리도 파랬는지, 몽실몽실한 뭉게구름이 저리도 예뻤는지 까맣게 잊고 살아왔다.

날숨으로 호흡을 내뱉으며 다시 강의장으로 발걸음을 재촉한다. 매일매일 회사 세미나 강의와 지방 강의 준비에 눈코 뜰 새 없이 바쁜 일정이다. 인도네시아 지사 오픈을 앞두고 현지 강사훈련을 위해 인도네시아 출장까지 다녀오는 등 무척 바빴다.

그러던 어느 날 강의 도중에 왼쪽 가슴에 심하게 통증이 느껴지고 미팅

중에도 통증이 느껴졌다. 심상치 않은 예감이 들었다. 왜냐하면 작년 가을부터 왼쪽 가슴이 간헐적으로 아프고 멍울이 잡혔는데 대수롭지 않게 여기며 잊어버렸던 것이다. 너무나 바빴기 때문에 병원에 갈 시간도 없었다. 그러나 최근에는 자주 가슴이 욱신욱신 싸르르 하면서 통증이 느껴진다. 욕실 바닥에 쪼그리고 앉아서 걸레를 빨 때도 왼쪽 무릎이 가슴을 누르면 심한 통증이 느껴진다. 남편이 빨리 병원에 가보라고 다그친다. 하지만 막상 병원엘 가려니 겁이 나고 무서웠다. 그러나 더 미루면 일이 커질 것 같은 불길한 예감이 들었다. 서둘러 병원에 가야겠다고 생각하고 모든 강의 스케줄을 취소했다.

서둘러 찾아간 병원, 2년에 한 번씩 유방암 정기검사를 받는 병원이다. 2008년에 갑상선암을 발견해준 오랜 인연이 있는 곳이기도 하다. 서둘러서 가슴 엑스레이를 찍고 초음파 검사를 했다. 이상하다. 초음파는 한 사람이 검사를 하고 나갔는데, 다른 사람이 들어와서 또 초음파 검사를 했다. 뭔가 싸한 느낌이 가슴을 치고 지나갔는데, 원장님이 들어와서 초음파 검사를 다시 하면서 조직검사를 해야겠다고 말했다. 순간 '내 몸에 안 좋은 게 생겼구나' 하는 생각이 들고 몸이 떨렸다. 원장님의 표정이 어두웠다. 조직검사 결과는 일주일 후에 나온단다.

결과를 기다리는 일주일이 마치 7년처럼 길게 느껴졌다. 아무 일도 없을 거라고 자꾸자꾸 반복해서 최면을 걸었다. 가족들도 아무 일 없을 거니까 걱정하지 말라고 위로하고 응원을 했다. 아무 일 없게 해달라고 간절히 기도했지만 초조하고 불안해서 입 안이 바짝바짝 마르고 긴장이 되었다.

드디어 병원에서 문자가 왔다. 결과가 나왔으니 내원하라는 내용이었다. 난 결과가 어떻게 나왔는지 너무나 궁금해서 병원으로 바로 전화를 했다. 결과가 어떻게 나왔느냐고 물었다. 전화로 말할 수 없으니까 직접 나와서 원장님께 들으란다.

'뭐지? 별 일 아니면 그냥 전화로 말해줄 텐데'

전화로 말해줄 수 없다는 건 결과가 안 좋다는 것이 분명하다. 무서워서 혼자 갈수가 없어 아들과 함께 병원으로 갔다. 손에서 땀이 나고, 입이 바짝바짝 마르고, 심장은 터질 것처럼 빨리 뛰었다. 눈앞이 아찔아찔하고 얼굴에서는 열이 났다. 공황장애의 전조증상이 나타나고 있었다.

원장님의 표정이 좋지 않았다. 난 원장님의 입에서 제발 그 말만은 나오지 않기를 간절히 기도했다. 이윽고 원장님이 컴퓨터 모니터를 보면서 입을 열었다.

"에고... 암이 생겨버렸네요..."

순간 눈앞에 번개가 치고 지나갔다. 절대로 듣고 싶지 않던 말이었다. 2008년에 갑상선암도 이 병원에서 진단 받았고, 이 원장님한테 암이 생겼다는 말을 들었는데 이게 또 무슨 일이란 말인가? 두 번씩이나 똑같은 상황을 접하게 되다니 이걸 무어라 설명해야 할까? 이 기분을 무어라 말해야 할까? 아무 생각도 들지 않고 멍했다. 심장은 밖으로 튀어 나올 듯 나대기 시작했다.

아들도 당황하고 놀라서 아무 말도 못하고 고개를 떨군 채 바닥만 응시했다. 난 떨리는 목소리로 원장님께 물었다.

"암 이라고요? 얼마나 된 건 가요? 몇 기인가요?"

원장님은 일단 암이 좀 큰 편이기 때문에 1기는 넘은 것 같다고 말했다. 그러면서 치료 할 병원을 결정하고, 그 병원에서 하자는 대로 진행하라고 했다.

"원장님 어느 병원으로 가면 좋을까요?"

"어떤 병원이든지 매뉴얼이 동일하기 때문에 집 가까운 곳으로 가는 것이 좋을 거예요."

그렇게 미팅이 끝났다.

머리가 하얘지고 온 몸에서 기운이 쫙 빠져나가는 것이 갑상선암 진단을 받을 때와는 전혀 다른 느낌이다. 그때는 원장님이 워낙 착한 암이고 예후도 좋은 암이니까 너무 걱정하지 말라고 위로해 주었다. 그리고 혹 하나 떼어낸다고 가볍게 생각하고 마음 편히 하라고 다독여 주었는데, 이번에는 원장님의 얼굴 표정이나 분위기가 전혀 달랐다. 뒤통수를 세게 얻어맞은 느낌이다. 뭐라 표현할 수 없는 슬픔과 외로움과 서러움과 두려움이 쓰나미처럼 몰려왔다.

집으로 돌아오는 차 안에서 난 정신이 나간 사람처럼 멍하니 하늘만 쳐다보며 하염없이 눈물을 흘렸다.

'세상은 이렇게 아름다운데, 세상은 이렇게 평화롭게 돌아가는데, 사람들은 저렇게 행복하게 웃는데, 난 왜 이렇게 슬픈 거지? 난 왜 암에 걸린 거지? 이게 정말 사실이란 말인가? 꿈이었으면 좋겠다. 정말 꿈이었으면 좋겠다.'

아들이 운전하면서 오른손으로 내 손에 휴지를 쥐어주면서 말했다.

"엄마, 울고 싶으면 실컷 울어요."

2. 도둑같은 불청객

우리나라 여성암 1위가 유방암이라고 하지만 내가 그 주인공이 되었다는 사실이 믿기지 않았다. 나는 아닐 거라고 생각했고, 암에 걸리는 것은 남의 일이라고 생각했다. 그런데 내가 한 번도 아니고 두 번이나 걸리다니, 놀라움과 서러움에 가슴이 터질 것만 같았다.

집에 돌아왔다. 내가 만지고 자고 눕고 했던 물건들을 다시 만질 수 없고, 볼 수 없을 것 이라는 생각이 들자, 서러움이 목젖까지 올라와 대성통곡을 했다. 병원에서 '암이 생겨버렸네요' 라는 말을 들었을 때 가장 먼저 머릿속에 떠오르는 단어는 '죽음'이라는 단어였고, 정말 죽음이 눈앞에 와 있는 느낌이었다.

'정말 죽는 것인가?'

'그토록 모진풍파를 헤치고 왔는데 여기가 끝이란 말인가?'

'계속되는 사업 실패로 눈덩이처럼 불어난 빚을 갚느라 일만 하다가 이제야 숨 좀 쉬고 살아보려고 하는데, 여기서 마침 표를 찍어야 한단 말인가?'

'이렇게 끝낼 것을 왜 그토록 힘든 연단과 고난의 삶을 주셨단 말인가?'

나는 고난의 터널만 지나오느라 세상이 어떻게 생겼는지 쳐다 볼 여유가 없었다. 남들은 그렇게 자주 다니는 해외여행도 못 갔다. 성지순례도 못 갔다. 아직 못해본 게 너무 많고 안 해본 것이 너무 많다. 내 인생이 너무나 불쌍했다. 눈물이 하염없이 흘러내렸다.

내 나이 이제 쉰 살이다. 백 세 시대에 절반밖에 못살았다. 이제 좀 경제적으로 여유를 갖게 되어서 그렇게 꿈꾸던 성지순례도 가고, 유럽여행도 가고 싶었다. 그랜드 캐년도 가고, 지중해에서 우아하게 아침식사도 하고, 크루즈 여행도 하면서 좋아하는 글쓰기를 하려고 했다. 그러나 그것들이 꿈으로 끝나게 된다니 모든 것이 너무나 애달팠다.

내 남편 인생 전반전은 사업실패와 빚더미와 가난으로, 허리 한번 못 펴고 쪽잠 자며 뼈가 으스러지도록 일만 했다. 이제 인생 후반전 성공자로 멋지게 살면서 선교도 하고, 멋진 교회도 지어서 하나님께 드리고 싶어 했다. 맡겨진 일 감당하면서 알콩달콩 재미나게 살아보려 했다. 그러나 그 꿈을 이루지도 못하고 가야 한다고 생각하니 그동안 화만 내고 짜증냈던 내가 너무나 미웠다. 나의 응석을 다 받아주고 참아준 착한 내 남편이 너무나 불쌍했다.

하나님이 부르시면 지금이라도 가야하지만 그래도 지금 가는 건 너무 억울했다. 나도 남들처럼 멋지게 살아보고 폼나게 살아보다가 가고 싶었다. 생각이 꼬리에 꼬리를 물자 죽는다는 생각, 끝난다는 생각으로 모아졌다. 작은 태풍이 일기 시작하더니 급기야 광풍이 불기 시작했다. 내 온 삶을 휘어잡고 미친 듯이 불었다. 한 치 앞이 안 보이는 풍랑 앞에서 난 정신을 차릴 수 없이 휘청거렸다.

유방암은 내 인생에 도둑처럼 찾아왔다. 난 이 친구를 기다린 적이 없다. 초청한 적도 없다. 예고도 없이 찾아온 유방암은 내 정신을 털었고, 내 영혼을 바스라 뜨렸고, 내 삶을 갈기갈기 찢기 시작했다.

3. 쫄지 말고 정신 차려!

유방암 진단을 받고 스트레스로 면역력이 확 떨어져버리고 심한 기침 감기가 왔다. 밤새 항아리 깨지는 것 같은 기침을 해대느라 잠을 잘 수가 없고, 약을 먹어도 나을 기미가 보이질 않는다.

유방암센터로 갔다. 우리나라 여성암 1위가 유방암이라는 말이 실감이 날 정도로 진료 대기 환자들이 많았다. 20대 젊은 환자부터 고령의 어머니들까지 정말 많았다.

'치료과정은 어떻게 될까?'

'그 무시무시한 항암 치료를 해야 하나?'

'한다면 몇 번이나 할까?'

'난 어떻게 될까?'

기다리는 동안 궁금한 것도 많고, 알고 싶은 것도 너무 많았다.

간호사가 내 이름을 불렀다. 남편과 나는 두렵고 떨리는 마음으로 진료실에 들어갔다. 교수님의 표정이 썩 좋지 않았다. 뭐라고 말했는데 너무나 긴장한 나머지 교수님의 설명이 제대로 들리지 않았다. 그나마 기억하는 건 암 사이즈가 4.2cm로 굉장히 크고, 병기가 2기라는 것이었다. 힘을 내어 정신을 가다듬었다. 그러자 교수님의 설명이 들어왔다.

"암 사이즈가 크기 때문에 항암치료를 먼저 해서 암 사이즈를 줄인 후 수술하는 코스로 진행해야 해요"

먼저 항암 치료를 여덟 번하고 수술을 하자는 이야기였다. 결국 그 무시무시한 항암 치료를 해야 한다는 말에 너무나 낙심되었다. 다시 두려움이 밀물처럼 밀려왔다.

교수님은 후배 암환자들을 위해서 임상을 해달라고 했다. 난 무슨 말인지 몰랐고 가족들과 상의해 보고 결정하겠다고 말하고 낙심한 마음으로 집으로 돌아왔다.

그날 밤 큰형님으로부터 문자가 왔다.

'EBS에서 우리나라의 유방암 권위자들이 유방암에 대한 모든 것을 알려주는 다큐멘터리가 진행되고 있어요. 얼른 TV를 보세요.'

난 보고 싶지 않았지만 '지피지기백전백승' 적을 알고 나를 알아야 이길 수 있다는 말이 있듯이 내가 걸린 암에 대해 공부를 하기로 했다.

'내가 걸린 암이 무엇인가?'

'왜 암에 걸렸는가?'

'어떻게 치료를 하고 어떻게 관리해야 하는가?'

방송이 진행되는 동안 여러 사례들을 보면서 치료가 잘 되어 건강하게 사는 분들을 보니 희망이 생겼다. 안심이 되면서 자신감이 슬며시 올라왔다.

'별거 아니네. 병원 치료 잘 받고 관리 잘하면 되겠군.'

그런데 마지막 케이스가 나왔다. 전체 유방암 중에서 10~20%를 차지하고, 예후가 가장 안 좋고, 암세포의 성격이 공격적이라 전이가 잘 되고 재발도 잘 되는데 특별한 치료방법을 '아직까지 찾아내지 못한 삼중음성' 케이스였다. 그 단어를 듣는 순간 어슴프레 어디서 들었던 것 같았다. 그것은 교수님이 나의 케이스가 삼중음성이라고 말했던 것이다. 난 머리가 하얘졌다.

'내가 가장 안 좋다는 케이스에 걸렸구나. 그래서 후배 암 환자들을 위해서 임상을 해달라고 했던 거구나!'

난 뜨거운 열에 녹아내리듯이 그대로 쓰러져 눕고 말았다.

'아, 이런 미련 곰탱이. 그러니까 평소에 건강관리 좀 하지'

'아, 이런 모지리. 그러니까 평소에 안 좋은 것 좀 먹지 말지. 왜 그렇게 빵을 많이 먹은 거야?'

'아, 이런 몹쓸 인간. 그러니까 평소에 좋은 생각 많이 하고 스트레스 좀 받지 말지 왜 그렇게 성질이 더러운 거야?'

'아, 이런 용서받지 못할 죄인아! 그러니까 평소에 새벽기도도 나가고 사역자로 사명 감당하며 살지 왜 사역을 그만 둔거야?'

자학과 정죄가 또 한 번 내 정신을 갈기갈기 찢기 시작했다.

잠깐 멈춘 듯했던 광풍이 다시 불기 시작했고 입을 더 크게 벌린 채 나를 삼킬 듯이 덤벼들었다. 두 눈 부릅뜨고 암을 똑바로 째려보려고 했으나 다시 무너지고 말았다.

'누가 내 마음을 알까?'

'누가 내 괴로움을 알까?'

'누가 내 이 고통을 알까?'

'누가 내 이 참담한 심정을 알까?'

너무 무서웠다. 가족들이 내 손을 붙잡고 위로해주고 기도를 해주었지만 이미 난파된 내 마음은 방향을 잃고 표류했다. 입맛은 점점 떨어지고 기력은 쇠하여 걸을 수 없다. 기침은 점점 더 심해지고, 잠을 이룰 수 없는 악몽에 시달리는 밤이 날마다 이어졌다.

그렇게 정신 나간 사람처럼 며칠을 보내던 어느 주일, 목사님께서 나아만의 치료 이야기를 설교하셨다. 예배가 끝난 뒤 딸이 내 귀에 대고 조용히 속삭였다.

"엄마, 목사님께 말씀 드린 거야?"

"아니"

가족들은 황소 눈처럼 눈을 동그랗게 뜨고 놀랍다는 듯이 나를 쳐다보며 미소를 띠었다. 나는 목사님께 암 진단을 받았고, 상황이 매우 어렵다는 것을 말씀 드리지 않았다. 그러나 하나님은 나의 형편을 아주 정확하게 아셨다. 두려워하는 나의 마음을 아시고 목사님의 설교를 통해 반드시 나을 거라는 확신과 소망을 주셨다.

나아만의 질병은 문둥병이었다. 당시에는 치료제와 치료방법이 없는 불치병이었다. 하나님의 선지자 엘리야는 요단 강 물에 몸을 일곱 번 씻으면 나을 것이라 했다. 나아만은 엘리야의 말대로 요단 강 물에 몸을 일곱 번 씻었다. 그의 피부가 어린아이처럼 보들보들하게 되고 문둥병이 깨끗하게 나았다. 내가 걸린 삼중음성 유방암이 치료가 잘 안 되는 암이라지만, 전능하신 하나님을 의지하면 나에게도 나아만에게 임했던 치료의 은혜가 올 것이라는 확신이 생겼다.

암이라는 골리앗에 쫄아서 하나님을 잠시 잊고 허둥대던 내 자신을 발견했다. 부끄러웠다. 나를 너무나 세심하게 챙겨주시고, 나의 아픔에 공감해 주시고, 나를 이해해 주시는 하나님이 절대적으로 내 편이라는 것이 세상을 다 얻은 것 같은 환희다. 다시 힘을 얻고, 암한테 쫄지 않고, 암을 똑바로 째려보기 시작했다.

4. 깔딱 고개를 넘으면 평지다.

내가 유방암에 걸렸다는 소식이 알려지자 지인들이 암 관련 동영상을 많이 보내주었다. 음식을 아무거나 먹지 말라는 사람도 있다. 현미만 먹어야 한다는 사람도 있다. 채식만 해야 한다는 사람도 있다. 항암치료는 절대로 하면 안 된다는 사람도 있다. 침을 맞아보라는 사람도 있다. 수술하지 말라는 사람도 있다. 수술하면 암이 급속히 퍼지니까 절대로 수술하면 안 된다는 것이었다. 난 너무나 헷갈렸다. 누구의 말을 들어야 할지 갈피를 잡을 수가 없다. 정보의 홍수 속에서 어떤 정보를 믿고 받아들여야 할지 알 수가 없다. 암에 걸리지 않은 사람들의 말을 듣는 것은 카더라 통신이기 때문에 별 도움이 되지 않는다. 암에 걸려서 지금 치료 중인 사람들의 정보를 들어야겠다고 판단했다. 그들은 어떻게 하고 있는지 알고 싶고, 어떻게 이겨 나가고 있는지 정보를 얻어 보기로 했다.

내 몸에 찾아 온 암을 부인할 수 없고 거부할 수 없다면 겸허히 받아들이고 함께 가기로 마음먹었다. 그렇다면 이제부터 내가 무엇을 해야 하고, 어떻게 해야 하는지 알고 싶었다. 그래서 유방암 카페에 가입했다.

유방암 카페와 인터넷을 통해서 머리 공부를 했다. 항암 치료를 시작하면 입맛이 떨어져서 음식 섭취를 못하기 때문에 체중이 빠진다고 했다. 그러면 기운이 딸려서 항암 치료 과정이 더 힘들다고 했다. 그러니 항암 치료를 하기 전에 잘 먹어서 체중을 늘려놓아야 한다고 했다. 유방암 진단을 받고 그 충격으로 공황장애가 재발했다. 그 후유증으로 입맛이 완전히 떨어져 아무 것도 먹을 수가 없는데 어떻게 해야 좋을지 앞이 깜깜했다. 먹고 싶어도 먹을 수 없는데, 먹으려고 아무리 애써도 속에서 받질 않아서 답답했다.

몸의 기초체력을 다지고 근육도 만들어 놓아야 항암 치료를 잘 극복할 수 있다고 했다. 항암치료를 시작하면 부작용 때문에 음식 섭취도 힘들고 움직이지도 못하고 그러면 근육이 빠지게 되는 악순환이 반복된다고 했다. 그래서 항암 치료 들어가기 전에 운동을 해서 근력을 늘려놓으면 좋다고 했다. 난 평생 운동이라고는 모르고 살았던 사람이라 더 걱정이 되었다. 그나마 남한산성이 가까이 있어서 가끔 남한산성을 오르는 것이 운동의 전부였다. 집 앞에 있는 운동장에서 몸 공부를 시작 했다. 운동장 다섯 바퀴 정도 도는 것이 전부였지만 그래도 열심히 걸었다. 그리고 일주일에 두 번은 남한산성에 올라갔다. 서서히 다리에 근력이 생기기 시작했다.

한낮에는 덥기 때문에 해가 한숨 꺾이는 늦은 오후에 남한산성으로 올라 갔다. 늘 오르던 남문 쪽이 아닌 반대 방향인 북문에서 올라갔다. 산성 길을 오르자마자 직선으로 된 오르막길이 시작되는데 남문 코스에 익숙해져있는 나에게 북문 길은 험난한 길이었다. 큰 도전이었다.

터벅터벅 거친 숨을 몰아쉬며 길을 오르자 몸이 더워지기 시작했고 숨이 차기 시작했다. 종아리 근육이 당기기 시작했고 쓰지 않던 허벅지 뒷다리 대 근육들이 아우성을 쳤다. 잠자던 근육들이 일제히 기지개를 켜고 상쾌하게 스트레칭 하는 것을 느끼자 숨이 차서 헐떡거리긴 했지만 기분이 좋았다. 시 선을 아래로 내리고 저벅저벅 땅을 밟아 차고 올라가는 내 발등을 보면서 암에게 지지 않고 이기려고 노력하는 내가 대견스러웠다. 한발 한발 힘껏 차 고 올라가는 나 자신에게 마음을 다해 응원 했다.

얼마나 올라갔을까? 허리가 뻐근하고 다리에 힘이 풀리고 숨이 목까지 차 올랐다. 한계에 부딪혀 주저앉으려는 순간 평지가 나왔다. 난 허리를 펴고 깔 딱 고개를 넘었다는 성취감에 환호성을 질렀다.

"이야~!! 평지다. 해냈다!!"

어느새 어둑해진 산속에는 사람 한 명 없이 고요했다. 저벅저벅 내 발자국 소리와 바람에 흔들리는 나무 이파리들의 노래 소리뿐. 그리고 이름을 알 수 없는 산새들의 합창이 고독한 내 마음을 달래주었다. 산새들의 합창에 취해 싱글벙글 미소 지으며 나무와 새들에게 고맙다는 인사를 건네니 이윽고 내 리막길이 나왔다.

오르막과 평지와 내리막이 반복 된 후 세 번의 깔딱 고개를 넘으니 정상 수어장대에 도착했다. 잠실 벌과 하남 벌, 성남 벌을 한 눈에 내려다보았다. 정상까지 오른 나에게 쓰담쓰담 칭찬을 해주었다.

삶은 마치 등산과 같다는 생각을 했다. 오르막길만 있다면 어떻게 살까? 힘들어서 못살 것이다. 하지만 평지가 있기에 숨찬 깔딱 고개도 침 한번 꿀떡 삼키고 넘어간다. 삶에도 깔딱 깔딱 숨이 넘어갈듯 힘든 고비가 있고, 예상치 못했던 상황이 벌어진다. 하지만 우리 안에 있는 적응력과 탁월한 회복력으로 감당해낼 수 있는 것이 우리의 삶이다. 그래서 삶은 위대하다.

내가 암에 걸리리라곤 생각도 못했다. 그건 남의 일이라고 생각했다. 그러나 예상치 못했던 일이 나에게 덜컥 찾아왔다. 한 번도 아니고 두 번씩이나 암에 걸리자 마치 덫에 걸린 것처럼 두려움과 공포에 사로잡혔다. 난 그 덫으로부터 벗어나려고 몸부림치고 허우적거렸지만 빠져나갈 수 없었다.

삶은 완성품이 아니다. 고장이 나면 수리할 수도 있고 리모델링할 수도 있다. 나를 설계하시고 만드신 분이 수리하시니 걱정할 것이 없다. 고치고 리모델링해서 쓰면 되는 것이다. 새 제품처럼 비까번쩍하진 않겠지만 그래도 쓰는 데는 아무 문제가 없다. 그래서 삶은 강인하고 신비한 생명력이다.

"생명이 있는 한 희망은 있다."라고 세르반테스는 말했다. 지금 이렇게 살아 있는데 죽은 것처럼 희망을 놓지 말자. 지금 이렇게 숨 쉬고 있는데 숨이 끊어진 것처럼 포기하지 말자. 나답게 맑고 밝게 이 길을 걸어 가보자. 지금 숨이 막히도록 힘들다면 깔딱 고개를 넘으면 평지가 있다는 것을 기억하고 희망을 놓지 말자.

5. 공포의 빨강 약

한 달이라는 시간이 지났다. 첫 항암 치료를 받기 위해 아침 일찍 병원으로 갔다. 암 병동 혈액종양내과는 그야말로 발 디딜 틈이 없이 암 환자들로 북새통을 이루고 있었다.

뜨개질을 하며 순서를 기다리는 환자, 기력이 없어 휠체어에 몸을 기대고 있는 환자, 앉아 있을 기력도 없어 아예 소파에 길게 누워 있는 환자, 구토가 멈추질 않아서 계속 화장실을 들락거리는 환자, 성경책을 읽고 있는 환자, 이어폰을 귀에 꽂고 몸을 흔들흔들 하는 환자, 지방에서 새벽부터 올라왔는데 왜 이렇게 시간이 지체되느냐며 항의하는 환자의 보호자......

암 병동은 암 환자로 넘쳤다. 우리 국민 3명 중에 한 명이 암 환자라고 하는 시대! 한 집 걸러 암 환자가 있다는 것이 실감이 났다.

항암 치료가 처음인 나는 너무나 긴장되고 무서웠다. 남편도 긴장하긴 마찬가지였다. 나의 순서가 되자 떨리는 마음으로 혈액종양내과 교수님 앞에 앉았다. 교수님은 지치고 피곤한 모습이 역력했다. 난 용기를 내서 교수님께 질문을 했다.

"교수님 제가 유방암 진단을 받고 충격으로 쭉 식사를 못해서 한 달 만에 4kg이 빠졌어요. 제 주변 사람들이 말하길, 항암 치료 하기 전에 잘 먹어서 체중을 늘려야, 힘든 항암 치료를 견뎌낼 수 있다면서 걱정을 많이 해요. 교수님 이렇게 입맛도 없고, 체중도 많이 빠졌는데, 제가 항암 치료를 받을 수 있을까요?"

그러자 교수님이 말했다.

"잘 먹으면 살만 찌죠. 걱정하지 마세요. 못 먹어도 다 할 수 있어요."

감정이 전혀 담기지 않은 드라이한 말투였지만 나에게는 복음이었다. 못 먹어도, 체중이 많이 빠졌어도, 항암 치료를 할 수 있다는 그 말이 너무나 기쁘게 들렸다.

남편과 나는 가슴을 쓸어내리면서 감사하다고 90도로 인사를 하고 진료실에서 나왔다. 의자에 앉아서 생각했다.

하얀 가운을 입은 의사선생님 앞에만 서면 한없이 약해지고 개미처럼 작아지는 환자들! 의사가 하나님처럼 보이고 의사의 말이 복음처럼 들리는 건 왜 그럴까? 아마도 그만큼 간절하고 절박하기 때문이 아닐까?

항암 치료 과정은 생각보다 복잡하다. 항암제를 맞기 한 시간 전에 구토를 방지하는 약을 먹는다. 항암주사를 맞기 직전에 구토 방지 주사를 또 맞는다. 그러고 나서 항암제 주사를 맞는다.

암 환자들이 가장 힘들어하는 것이 항암 치료의 심각한 부작용이다. 구토와 오심과 입맛 없음과 불면과 통증, 머리카락 빠지는 것 등 헤아릴 수 없이 많다. 그중에서도 가장 견디기 힘든 부작용이 구토와 오심이기 때문에 구토와 오심을 억제시키려고 최대한 조치를 취했다. 그럼에도 구토가 심한 사람들은 화장실에 요를 깔고 일주일씩 고통을 당하는 사람도 있다. 항암 치료가 다 끝날 때까지 수개월을 구토 때문에 고통당하는 환자들도 많다고 들었다. 버스 멀미와 배 멀미를 했을 때 매스꺼워지면서 구토를 했던 기억이 있기 때문에 그 정도 일까하는 상상을 해봤는데 그건 아무것도 아니라고 했다. 무엇을 상상하든 그 이상이라고 했다. 문득 지옥이 따로 없겠다는 생각이 들었다.

내가 암에 걸리기 전에는 암 환자들의 치료 과정이 똑같은 줄 알았다. 항암제도 똑같은 걸 맞는 줄 알았다. 그러나 암의 종류에 따라, 환자의 병기에 따라, 치료 방법도 달랐고 쓰이는 화학항암제도 각각 다르다.

유방암의 항암화학요법은 단일요법보다는 여러 가지 약물을 복합한 복합화학요법을 하였을 때 효과적이다. 약물의 종류는 환자의 개개인에 따라서 달리 선택한다. 즉, 유방암의 병기, 환자의 연령, 호르몬 수용체의 유무, 전이나 재발성의 위험도등을 따져서 각 개인에 맞게 항암제와 항암 치료 방법을 결정한다. 나의 병기는 유방암 2기였다. 암세포의 특징이 공격적이고 전이가 잘 된다는 삼중음성타입이기 때문에 그것에 맞는 화학항암제를 처방받아서 투여했다. 총 여덟 번의 항암 치료를 받아야 하는데 1차에서 4차까지는

AC(Adriamycin+cyclophosphamide)를 맞는다고 했다. 일명 공포의 빨강 약이라고 부른다. 왜냐면 이 독한 약이 머리카락을 모조리 빠지게 해서 빡빡이가 되게 하고, 심각한 구토를 유발시키는 항암제이기 때문이다.

항암제 주사를 맞기 위해 침상에 누웠다.
'구토가 나면 어떡하지?'
'통증이 생기면 어떡하지?'
'머리카락이 바로 빠지기 시작하면 어떡하지?'
좋은 생각과 긍정적인 생각을 해도 모자랄 판에 하지 말아야 할 부정적인 생각들로 가득 찼다. 항암제를 맞으면서 귀에 이어폰을 꽂고 시편 말씀을 들었다. 주사 맞는 시간은 2시간 정도로 의외로 짧았다. 암 카페에서 듣기로는 3일씩 병원에 입원해서 항암주사를 맞는 사람도 있고, 일주일씩 맞는 사람도 있었다. 어떤 사람은 주사를 꽂고 집으로 와서 3일 후에 병원에 가서 주사기를 빼는 사람도 있다고 했다. 나도 시간이 많이 걸릴 줄 알았는데 의외로 짧게 끝나서 참으로 감사했다.

나는 긴장과 두려움 속에 첫 항암제 주사를 맞고 용인에 있는 요양병원에 바로 입원했다. 여자들은 집에 있으면 자꾸 일이 눈에 보인다. 가뜩이나 몸도 힘든데 집안일 때문에 스트레스를 받으면 안 되니까 요양병원에 입원하라고 지인이 권하였다. 집안일 신경 안 쓰고, 먹을 것 신경 안 쓰고, 마음 편히 치료 받을 수 있다며 가족들도 적극적으로 권유를 했다.
병실이 어색하고, 병원냄새도 어색하다. 외국에 온 느낌이다. 온통 새하얀

벽에 덩그러니 누워 있는 침대가 너무나 어색하고 낯설다. 항암 치료가 끝날 때 까지 있어야 할 곳이니, 내 집이다 생각하고 편안하게 지내기로 마음먹었다.

이제 첫발을 띄었다. 첫 항암주사를 맞았다. 내일부터 어떤 부작용이 나타날지 알 수 없다. 아직도 일곱 번의 항암이 남아 있고 그 후에는 수술이 기다리고 있다. 그 다음은 어떻게 될지 알 수 없다. 앞으로 갈 길이 멀지만 고장 난 내 몸을 개보수하고, 새롭게 태어날 몸을 기대하며 즐겁고 기쁘게 이 과정을 감사로 채워가야겠다. 가까이서 먼 데서 기도로 후원해주고, 나와 일면식도 없는 SNS 친구들도 나를 위해 기도해주고 응원해주었다. 내가 약해서 기도할 수 없을 때 누군가 날 위해 기도하고 있다는 것은 세상이 줄 수 없는 큰 힘이다.

고난은 변장된 축복이요 시련은 위장된 성공이라고 누군가 말했다. 세계적인 리더십 전문가이자 베스트셀러 작가인 존 맥스웰은 "당신이 고난을 극복하고 싶다면, 고난을 줄이려고 하지 말고 스스로의 노력으로 자신을 커다랗게 키워야 한다."고 말했다. 이 고난과 시련을 징검다리 삼아 성장하는 나로 만들어야겠다. 고난의 크기가 작았으면 좋겠지만, 그러나 나에게 주어진 고난을 거부하지 않고 성장하는 밑거름으로 받아들여야겠다.

기도의 땔 깜을 주신 하나님께 감사했다. 고난이 없으면 영적으로 성장하는 것이 멈추고 영성이 둔화되기 쉽다. 고난은 영성을 단단하게 담금질 하는 기도의 땔 깜이다. 위대한 영성의 사람일수록 유난히 기도의 땔 깜이 많았던 것을 부인할 수 없다. 이 고난의 시간이 나를 영적으로 성숙시키는 훈련의 시간으로 받아들이고 무릎을 꿇어야겠다.

6. 못생긴 모습이 무척 당황스럽다.

답답한 기분을 전환시키려고 사과 두 알을 들고 요양병원 옥상에 있는 하늘정원으로 갔다. 살결에 부딪히는 바람이 시원함을 느끼기에 충분했다. 평상에 앉아 사과를 4등분한 후 껍질째 와작 깨물었다. 입안 가득 퍼지는 달콤함에 기분이 상쾌했다. 빨랫줄에 빨래를 널고 남편과 사과를 깨물어 먹으며 두런두런 얘기를 나누는 사이 후두둑 빗방울이 떨어지기 시작했다. 환우들의 옷이 널려있는 빨래건조대를 지붕 안쪽으로 들여놓고 후다닥 병실로 들어왔다.

창문으로 주룩주룩 빗물이 흘러내리는가 싶더니 빗줄기가 점점 세지고 뇌성번개까지 동반했다. 110년 만에 찾아온 이례적인 더위로 아프리카보다 더 더운 폭염 중에 시원스럽게 쏟아 붓는 소나기가 반가웠다. 하지만 그것도 잠시, 반가운 소나기가 한바탕 요란스레 지나가자 습도가 올라가 금세 끈적끈적하고 후덥지근해졌다. 하늘이 맑았다 흐렸다, 해가 나왔다 들어갔다, 비가 오다 안 오다를 반복했다.

항암 치료를 받고 있는 환자들이 가장 힘들어하는 부작용이 구토와 울렁거림 증상이다. 나도 구토와 울렁거림이 심하면 어쩌나 긴장을 했는데 우려했던 구토와 울렁거림 증상은 없다. 첫 항암이라 그런지 밥 먹는 것도 그다지 어렵지 않고 수월하게 지나갔다. 그런데 며칠 전부터 머리카락이 부쩍 많이 빠진다 싶다.

아침에 일어났는데 베개에 새까만 머리카락이 수북이 쌓여 있었다. 드디어 올 것이 왔다는 생각에 콧날이 시큰거리고 눈물이 쏟아졌다. 항암제를 맞고 15일쯤 되면 머리카락이 빠지기 시작하고, 20일쯤 되면 손만 쓱 대도 머리카락이 한주먹씩 빠진다고 하더니 거짓말이 아니었다. 의사 선생님도 머리카락이 빠지니까 마음을 준비하고 있으라고 했다. 기적처럼 머리카락이 빠지지 않기를 기도했지만 그날이 오고야 말았다.

아침 이후 손이 자동으로 머리카락으로 올라간다. 머리카락에 손만 닿아도 쑥쑥 빠진다. 내속에 똬리를 틀고 있는 죄의 쓴 뿌리도 이렇게 쑥쑥 빠졌으면 좋겠다는 생각이 들었다. 내 마음을 지키려고 했지만 기분이 계속 우울하고 가라앉았다. 병원 언니들이 어서 미용실에 가서 머리카락을 밀어버리라고 말했다. 혹시라도 여기서 멈추겠지, 이제 더 이상 안 빠지겠지 하는 미련을 가지고 있다면, 절대로 그런 기적은 일어나지 않으니까 그냥 밀어 버리는 것이 정신 건강에 좋다고 했다.

난 마음을 단단히 먹고 오후에 미용실에 갔다. 원장님은 거울이 보이지 않는 쪽으로 의자를 돌리고 바리깡으로 나의 머리카락을 밀어내기 시작했다. 암 환자들이 미용실에 와서 머리카락이 잘려나가고 빡빡이가 되어가는 모습에 충격을 받는 사람도 있고, 닭똥 같은 눈물을 뚝뚝 떨어뜨리며 계속 우는 사람도 있어서 가급적이면 완성되기 전까지는 거울을 보지 않도록 한다고 했다. 그리고 이제 다 됐다며 거울을 보라고 했다. 거울 속에는 머리카락이 한 올도 없는 낯선 사람이 있었다. 머리카락이 한 올도 없는 나의 모습을 태어나고 처음 보았다. 너무 어색하고 너무 못생긴 내 모습에 무척 당황스러웠다. 하지만 이내 거울 속에 비친 내 얼굴을 따뜻하고 사랑스럽게 바라보았다. 그리고 마음속으로 축복했다.

"애란아 괜찮지? 너 괜찮지?"

"다 괜찮을 거야. 다 잘 될 거야."

"머리카락 없는 네 모습도 무척 예쁘구나."

"머리카락은 금방 자랄 거야. 슬퍼하지 마."

"넌 잘 견뎌낼 거야."

"여기에 오기까지 넌 어떤 어려움도 잘 견뎌왔잖아."

"하나님의 은혜가 실로아 물처럼 네 삶 가운데 고요히 흐르고 있으니까 넌 승리 할거야."

"애란아 사랑해 축복해"

삭발한 나의 모습을 본 남편과 아들은 귀엽고 더 예쁘다며 엄지를 치켜세웠다. 행여 내가 우울할까봐 내 기분을 좋게 하려는 걸 난 안다. 가족들의 위로 때문일까? 나는 정말 괜찮았다. 미용실 바닥에 수북이 쌓여있던 내 머리카락이 쓰레기통으로 쓸려 들어가는 것을 보고 활짝 웃었다. 암 덩어리가 뿌리째 잘려서 쓰레기통으로 들어가는 것을 상상하며 승리의 웃음을 지었다.

마음속으로 나는 외쳤다.

"생생하게 꿈꾸면 반드시 이루어진다."

미용실 원장님은 암 환자가 삭발하고 이렇게 해맑게 웃는 사람은 처음 본다고 했다. 날씨는 하루 종일 변덕스러웠지만 내 맘속엔 평화가 넘친다.

"동백 꽃 꽃말 덕에 네 팔자는 필거야!" 드라마 <동백꽃 필 무렵>에서 향미가 동백이의 게르마늄 팔지를 가져가면서 동백이에게 한 말이다. 내 이름은 동백이가 아니고 애란이다. 사랑 애(愛) 난초 란(蘭). 박애란이다. 하나님께 사랑 받는 사람이고, 사람들에게 꽃처럼 사랑 받는 사람이다. 하늘과 땅의 모든 사랑을 받는 사람이다. 이 시간이 지나고 나면 나는 난초처럼 청초하고 고귀하며, 아름다운 모습으로 활짝 피게 될 것을 믿는다.

7. 눈물의 밥상

2018년 여름은 대(구)프리카보다 서(울)프리카가 더 더울 정도로 도시의 열섬현상이 최고조를 찍고 전기사용량도 최고조를 찍었다. 건강한 사람도 110년 만에 찾아온 폭염에 지치고, 늘어지고, 열대야로 잠을 못 이루다보니 입맛도 떨어지고, 생체리듬도 많이 떨어진다. 항암치료를 받는 사람들은 더 더욱 힘들다. 항암제를 맞고 3일째부터 신호가 오기 시작한다. 일단 입맛이 뚝 떨어지고 어떤 음식을 먹어도 무슨 맛인지를 모른다. 혀가 거부를 하고 속에서도 음식을 받아주지 않는다. 도무지 먹을 수가 없다. 식수조차 냄새가 나서 못 먹는다. 목이 몹시 타지만 물을 넘길 수가 없다.

무언가가 내 몸에서 기운을 쫙쫙 뽑아가는 것 같은 느낌이 들면서 내 몸을 찢어가는 것 같은 느낌이 든다. 밤에는 잠도 잘 안 온다. 어떤 이들은 수면 유도제와 수면제를 복용해야 잠이 오는 사람들도 있다. 몸에서 열이 나 덥기도 하고, 또 체온이 급격히 떨어져서 춥기도 하다.

그 와중에 다행스럽게도 구토가 없다는 것이 무척 감사하다. 요양병원에 입원 치료중인 부산에서 올라온 언니는 항암제를 맞은 날부터 계속 구토가 나고, 마치 배를 탄 것처럼 울렁거리고 토할 것 같아서 아무것도 못 먹는다. 며칠 새 눈이 쑥 들어가고 얼굴이 초췌해진 모습이 참 안쓰럽다.

점심식사 시간이 되어 식당에 내려갔는데 도저히 밥을 먹을 수가 없었다. 1차 항암 때는 그럭저럭 괜찮았는데 2차 항암 때는 밥을 못 먹는다. 그렇게 맛있게 먹었던 총각김치가 쓰고, 열무김치는 짜고, 맛이 이상야릇해서 목구멍으로 넘어가질 않는다. 그래도 약이다 생각하고 한 수저를 야무지게 떠서 억지로 넘겼다. 약이 맛있어서 먹나? 쓰디써서 뱉어버리고 싶지만 먹어야 사니까 억지로 먹듯이, 독한 항암제와 싸워야하는 전쟁에서 살아남으려면 먹어야 하기에 눈물 찔끔 거리면서 죽을힘을 다해 먹는다. 하지만 음식을 씹다 보면 속에서 구토가 나오고 도저히 넘어가질 않는다.

내가 도저히 밥을 못 먹고 멍하니 식판을 바라보고 있자 같은 유방암 친구가 다가와서 정말 먹기 힘들면 국에다 다 때려 넣고 마셔버리라고 했다. 함께 식사를 하는 환우들이 서로서로 격려하며 먹으라고, 더 먹으라고, 한 수저 더 먹어야 산다고 용기를 주었다. 어떨 때는 전투적인 그 모습이 너무 처량해서 눈물이 나기도 한다. 마치 총알이 빗발치는 전쟁터에서 전우를 살리려고 혼신의 힘을 다하는 전우애 같아서 고맙고 고마워서 국에다 밥과 눈물을 말아서 후루룩 마셨다.

오랜 항암투병과 여러 부작용들로 인해 몸과 마음이 피폐해지고 지친 환우들, 음식 섭취가 갈수록 어렵다. 잘 먹어야 싸워 이길 수 있는데 못 먹으니까 면역력이 더 떨어진다. 어떤 환우들은 면역력이 너무 떨어져서 정해진 항암치료 날짜에 못하고 돌아오는 환우들도 있다. 병원에서는 일주일 동안 고기랑 단백질 섭취를 많이 해서 백혈구를 올려가지고 오라며 돌려보낸다. 암과 치열하게 싸우는 환우들, 남의 일 같지 않아 더 안쓰럽고 더 짠하다.

8. 명이각시 열무신랑

요양병원으로 택배가 자주 온다. 항암치료 중에는 입맛이 없어서 밥을 못 먹는다는 것이 알려지면서 지인들이 여기저기서 반찬을 보내주었다. 명이장 아찌와 열무물김치 그리고 밑반찬들이 많이 들어 왔다. 보기만 해도 입안에 침이 고이는 거무스름하게 곰삭은 명이각시를 밥에 돌돌 말아서 입에 넣었다. 시큼 짭쪼름하면서 향긋한 명이 맛이 입안에서부터 온 몸으로 퍼져나가자 입맛이 확 살아났다. 나는 명이나물에 지글지글 노릇노릇하게 익은 삼겹살을 싸서 먹으면 3인분은 거뜬히 먹어치우던 사람이다. 열무물김치를 먹어 봤다. 정말 맛있었다.

옛날 시골에 사시는 엄마가 담가 주셨던 그 맛, 바로 고향의 맛이었다.

내 옆방에 있는 미숙이 언니한테 명이각시를 들고 갔다. 미숙이 언니는 나와 같은 삼중음성 유방암인데 3년 만에 재발해서 다시 항암치료를 시작했다. 림프부종까지 와서 왼쪽 팔이 코끼리 팔이 되어서 깁스를 하고 다녔다. 게다가 통증까지 말도 못하게 심해서 정말 말로 형용할 수 없이 어려운 상황이었다.

"언니, 명이나물 장아찌가 끝내주게 맛있다. 나도 밥 한 그릇 뚝딱 했거든. 언니도 명이나물 장아찌에다 밥을 돌돌 말아서 먹어봐. 밥 두 그릇은 뚝딱 해 치울 거야. 시큼 짭쪼름한 것이 입맛을 확 끌어 올려준다니까"

언니가 고맙다면서 활짝 웃었다. 얼굴도 예쁘고 피부도 우유 빛깔처럼 고운 언니가 고생하는 것이 너무 안쓰럽다. 다행히 미숙언니가 명이나물 장아찌와 밥을 맛있게 먹었다. 맛있게 먹는 모습을 보면서 나는 언니 몰래 눈물을 쓰윽 닦아냈다.

이번엔 건너편 1인실에 있는 명자 언니에게 열무김치를 들고 갔다.

"언니~ 열무물김치가 기가 막히게 맛있어. 붉은 생고추에다 밥을 넣고 갈아서 만들었나봐. 맵지도 않고, 국물은 사이다를 마시는 것처럼 톡 쏘네. 경포대에서 서핑하는 것처럼 짜릿하고 완전 시원해"

명자 언니가 열무김치 국물에 밥을 말아서 맛있게 먹었다. 마음이 참 기뻤다.

명이각시와 열무신랑 덕분에 맛있는 식탁 교제가 되었다. 여기 저기 나누면서 오병이어의 기적이 일어나 마르고 닳도록 먹을 수 있길 바라며 퍼줬는데, 아쉽게도 명이나물 장아찌와 열무김치는 바닥이 나버렸다. 내 것 네 것 구별하지 않고 동지애를 가지고 함께 먹는 나눔이 행복이다. 모두 맛있게 먹었으니 힘내서 암과 싸워서 때려 잡아보자.

사람들은 공유하고 나누는 것을 뭔가 손해 보는 일이라고 생각한다. 나도 생각의 질량이 깃털처럼 가벼울 땐 내가 가진 것, 내가 가진 콘텐츠를 공유하는 것을 손해 보는 일이라고 생각하고 공유하기를 꺼려하는 결핍된 사고에 갇혀 있었다.

그러나 개인화하고 사유화하는 것은 결국 나를 성장하지 못하게 막는다는 것을 깨달은 후, 모든 것을 공유하고 나누기 시작했다. 신기하게도 공유하기 이전보다 아이디어가 더 풍성해지고, 강의도 더 잘되고, 일도 더 잘되는 풍요의 경험을 하게 되었다.

내 몸에 암이 발병하고 항암 치료를 하며 몸과 정신이 쇠약해지고 곤고해졌다. 마치 유배지에 갇힌 것처럼 황폐하지만 많은 것을 받아 누리는 축복을 경험하고 있다. 내 작은 나눔과 섬김이 이렇게 큰 상급으로 돌아 올 줄은 상상도 못했다. 그래서 리더십의 대가 존 맥스웰의 "좋은 것을 공유하라"가 나의 공감능력을 더 크게 자극하는지도 모르겠다.

이 외로운 광야 길에 함께 가는 친구들이 있어서 나는 행복하다. 내가 힘들어 무너질 때 일으켜 세워주고 위로하고 마음을 함께 하는 친구들이 있으니 외롭다고 생각 하지 말고 기운을 내서 암을 이겨보자.

9. 감사, 그리고 희망의 씨앗

항암 치료를 두 번 하고 그동안 암 크기의 변화와 진행 경과를 보기 위한 CT를 찍었다.

CT결과를 보기 위해 유방암센터에 갔다. 결과가 어떻게 나올지 몹시 긴장이 되었다. 교수님이 CT를 보더니 깜짝 놀라셨다.

"항암제 반응이 무척 좋은데요? 4.2cm던 암 덩어리가 거의 안 만져 지네요. CT에도 암 덩어리가 2.5cm로 나타납니다. 항암 두 번 만에 절반가까이 줄었어요. 이대로 가면 암이 다 없어질 수 있으니까 위치를 표시하는 핀을 심어야겠습니다. 항암 더 잘 받으시고 일곱 번째 항암 마친 후에 다시 보도록 합시다."

항암치료 중에도 암이 진행되고 전이가 되는 경우가 있다는데 절반으로 줄었다는 이야기를 듣는 순간 소름이 확 돋았다. 참 감사한 일이다. 간호사도 나를 향해 환하게 웃어주었다.

유방암은 세 가지 타입이 있는데 여성호르몬의 영향을 받는 '호르몬 양성'과 HER2(허투)단백질의 과잉 발현이 있는 'HER2(허투)', 이 두 가지의 영향을 받지 않는 '삼중음성'이다. 호르몬 양성과 HER2(허투)는 표준 항암치료와 방사선 치료 외에 타목시펜과 표적 치료제가 있어서 재발과 전이를 막는 데 도움을 준다.

반면에 삼중음성은 표준 항암제 외에는 아직까지 뚜렷한 치료제가 없어서 지속적으로 연구 중이다. 표준 항암제도 잘 듣는 사람이 있고, 아예 반응이 없는 사람도 있다. 그야말로 복불복이라고 하는 얘기를 들었다. 그런데 항암제 반응이 아주 좋고, 암이 절반으로 확 작아졌다는 기쁜 소식에 희망이 보였다. 항암치료만으로 암이 완전히 없어져서 수술을 안 하는 사람들도 많다고 들었는데, 그 기적같은 일이 나에게도 일어나고 있었다. 남편과 난 얼싸안고 마치 완치 판정을 받은 것처럼 기뻐했다.

난 초음파실로 가서 초음파 유도하 클립시술을 했다. 항암치료를 계속하면서 암이 작아지면 수술 할때에 위치를 잡지 못해서 어려울 수 있으니 미리 암의 위치를 표시하는 시술이었다. 그런데 난 암이 유두 가까운 쪽에 있고 상피내암도 있어서 전체 절제수술을 해야 한다고 했다. 그래서 이 시술이 필요할까 하는 생각도 들었지만 병원에서 하라는 대로 시술을 했다. 요양병원으로 돌아와서 나를 위해 전 세계 각지에서 중보기도를 해주시는 분들에게 SNS로 감사의 글을 올렸다.

항암 치료. 그 길은 낯설고 무서운 길이었다. 겁이 많은 나에게 가보지 않은 그 길을 간다는 것은, 마치 낭떠러지에 서 있는 것처럼 사지가 떨리는 일이다. 그러나 먼저 간 선배들이 그 길을 닦아 놓았으니 나는 선배들의 조언을 들으며 길을 가면 된다. 항암 치료로 내가 치르는 기회비용은 무엇으로도 보상받을 수 없는 것이다. 하지만 오늘은 미리 보상을 받은 것 같다.

내 마음에 희망의 씨앗을 심고 매일 물을 주기로 했다. 남들은 희망을 곡해하더라도 나는 희망을 믿기로 했다. 그 증거를 오늘 내 몸으로 보았기 때문이다. 희망은 존재한다. 나는 희망 나무가 무럭무럭 자랄 것을 믿는다. 그 나무 아래서 희망을 노래하는 꿈을 꾼다.

10. 자기 암시

　　항암제를 맞는 날은 진료시간 1시간 일찍 가서 백혈구 수치 검사를 위해 채혈을 한다. 그리고 백혈구 수치를 확인한 후 백혈구 수치가 너무 낮으면 위험하기 때문에 항암제를 맞을 수 없다. 채혈을 하고 남편과 카페에서 따뜻한 커피 한 잔과 고구마 케　한 조각을 나눠먹으며 종양내과 진료시간을 기다린다. 항암제 맞는 날은 긴장한 탓에 신경이 예민해지고 날카로워진다. 평소 눈치가 제로인 남편도 이 날은 긴장하며 내 눈치를 살핀다. 병원에서 진료를 기다리는 건 왜 그렇게 지루한지, 시계바늘에다 바윗덩어리를 메달아 놓은 것처럼 시간이 안 간다.

　　2차 항암 후 왼쪽 엄지발톱과 오른쪽 두 번째 발톱이 얼얼하고 욱신욱신하더니 새까맣게 죽어버렸다. 3차 항암 후에는 오른쪽 엄지발톱까지 새까맣게 죽어버렸다. 냄새가 나고 진물이 계속 나왔다. 손가락 관절도 너무 아파서 물건을 잡을 수가 없다.

나의 증상에 대해 질문을 하자 흔한 항암부작용이라고 일축해버리고 더이상 말을 하지 않았다. 대부분 5차 도세탁셀 맞을 때부터 부작용이 많이 생긴다고 했다. 특히 발톱이 다 망가지는 부작용이 많다고 했다. 관절통과 근육통도 많이 생기는데 나에게는 부작용이 너무 일찍 찾아왔다.

예약시간보다 1시간이나 지연되어 진료실로 들어갔다. 기운도 없고 체력이 계속 떨어지고, 밥도 못 먹고, 관절통도 너무 심하고, 발톱도 다 죽어간다고 했더니, 흔한 항암 부작용이라고 했다. 잠도 잘 못자고, 마음이 안정이 안 된다고 했더니 그것도 항암 부작용이니까 수면제를 처방 받아서 먹으라고 했다. 병원에 갈 때마다 느끼는 거지만 의사선생님들은 환자와 눈도 맞추지 않고 모니터만 보고 말을 한다. 왜 그렇게 직업적이고 냉소적이고 감정이 전혀 없는지 불쾌할 때가 한두 번이 아니다. 물론 밀려드는 환자들 때문에 지치고 피곤하니 그럴 수 있다고 하지만 도저히 이해하기 힘든 부분들이 너무나 많다. 병원 곳곳에 "환자와 직원은 질병 앞에 하나입니다"라고 붙여놓은 글귀가 참말인지 의심스럽다. 어쨌든 채혈 결과가 좋아서 4차 항암을 진행하기로 했다.

항암제주사를 맞기 1시간 전에 구토방지제 에멘드를 먹고, 주사병상에 들어가서 항암제 맞기 직전에 또 다른 구토 방지제 한 병을 맞고 항암제를 맞는다. 그리고 또 먹는 구토 방지제 5일치를 처방해준다. 항암제가 얼마나 독하고 사람을 황폐하게 만드는지를 증명해 주는 것이다. 그럼에도 구토가 심한 사람은 한 장에 5만 원이나 하는 붙이는 패치를 처방해준다. 화장실 변기를 안고 열흘씩 씨름하는 환우들에게는 지옥이 따로 없으니, 비싸지만 고통을 반감시켜주기 때문에 구세주 같은 패치이다.

항암 치료 중인 암 환자들은 반드시 식사를 잘해야 한다. 그것도 고단백 식단으로 식사를 해야 한다. 육류와 생선, 우유 등 단백질이 풍부한 식단으로 음식을 골고루 섭취해야 한다. 그래야 독한 항암제로 인해 떨어졌던 면역력이 회복되고, 죽었던 세포가 빨리 회복되어 항암치료를 중단 하지 않고 계속 진행할 수가 있다. 그래서 난 평소에 먹지 않았던 보양식을 먹기도 했다. 맛으로 먹은 게 아니라 살기 위해서 먹었다. 항암제 때문에 장렬히 전사한 나의 세포들이 빨리 힘을 얻어서 살아나고 회복되도록 생존을 위해서 전투적으로 먹었다.

항암 치료를 하는 동안 입맛이 없어서 식사를 거의 못하는 환우들이 많다. 그럴 때는 메게이스라는 약이 있다. 엑기스로 되어있는 빨아먹는 약인데 그걸 먹으면 입맛이 생겨서 밥을 먹을 수 있다. 나도 입맛이 없어서 도저히 식사를 못하고 있을 때, 옆방 언니가 메게이스를 알려줘서 먹었더니 정말 거짓말처럼 입맛이 살아나서 밥을 먹을 수 있었다.

주치의 선생님께 이야기를 하고 처방해 달라고 하면 메게이스를 처방해 준다. 구토방지 패치도 처방해 달라고 하면 처방해 준다. 그런데 주치의 선생님은 가급적이면 메게이스를 먹지 말라고 했다. 왜냐하면 말기 암 환자들이 최후의 방법으로 먹는 처방이라면서 견딜만 하면 먹지 말라고 했다. 그러나 난 하루라도 빨리 영양을 보충해서 세포를 살리고 싶었고 면역력을 올리고 싶었다. 그래서 자주는 아니지만 메게이스의 도움을 받았다.

환자는 현명하고 지혜로워야 한다. 의사는 나의 병을 치료하는데 도움을 주는 사람이지 나를 완전하게 치료해주는 사람이 아니다. 생명은 하나님의 손에 달려있고 완치도 하나님의 손에 달려있다. 그러므로 기도하면서 지혜를 구하고, 지혜를 얻어 내가 필요하다고 판단되는 것은 내가 선택해야 한다. 피폐해지고 황폐해진 내 몸을 한시라도 빨리 복구시키는 것에 집중해야 한다.

또한 계속해서 생기는 부작용과 몸의 변화로 인해 심리적인 변화가 생겨서 우울증과 공황장애를 겪는 환우들도 많이 있다. 항암 치료를 하는 동안 많은 환우들이 신경정신과 약을 먹는다. 독한 항암제로 인해 생기는 몸의 변화도 받아들이기 어렵고 견디기 힘든데, 항암 치료가 진행되는 6개월 동안 각종 통증과 불면과 소변장애와 식욕부진과 구토와 오심과 쓴물까지 토하고 있으니, 그것은 겪어보지 않은 사람은 도무지 공감할 수 없는 고통이다. 게다가 앞으로 내가 어떻게 될지 알 수 없는 불안함과 공포는 이루 말할 수 없는 혼란의 늪으로 밀어 넣는다.

나는 2010년에 극심한 공황장애가 발병해서 오랫동안 지옥 같은 시간을 보냈다. 그런데 항암 치료를 하면서 각종 부작용에 시달리고 심리적인 안정이 안 되다보니 공황장애 증상이 재발해서 약을 복용했다. 약을 먹는 것은 부끄러운 것이 아니다. 숨길 일도 아니다. 오히려 자신의 의지력으로 버티겠다고 고집하는 것이 더 위험하다. 더욱이 독한 항암 치료를 받는 환자이기 때문에 전적으로 심리적인 안정이 필요하고 스트레스의 원인을 제거해야 치료에 도움이 된다. 그러므로 정신과 약의 도움을 받는 것은 암치료를 돕는 보조요법이라고 생각하는 것이 좋다.

나는 언제나 긍정적인 생각을 하려고 노력한다. 누군가 이런 말을 했다. 항암제 투여 후 정상세포는 죽었다가 시간이 지나면 다시 살아나고 회복되지만 암세포는 멍청해서 살아나지 못한다고 했다. 프랑스의 약사이자 심리치료사로 일한 에밀 쿠에는 자기 암시로 많은 환자들의 질병 치료에 도움을 주었던 사람이다. 그는 <자기 암시>라는 책에서 "나는 날마다 모든 면에서 점점 더 좋아지고 있다."라고 말하고 상상하면 놀라운 변화가 일어난다고 주장했다. 그래서 난 매일 자기 암시를 했다. 멀쩡하던 내 발톱의 세포들이 새까맣게 죽었고 발톱이 빠져버렸으니, 나를 괴롭히는 암세포들은 다 죽었고, 암덩어리들은 다 빠져서 없어져 버렸다고 믿었다. 내 발톱 세포들은 영리하고 똑똑하니까 다시 정상으로 살아날 것이지만 암세포들은 멍청하니까 내 몸에서 흔적도 없이 소멸되고 사라지게 된 것을 하나님 앞에서 선포하고 믿었다.

11. 암은 앎이다.

가을이 깊어가고 있다. 요양병원 옆에 있는 탄천 길을 걸으면서 빨갛게 물든 단풍잎을 주워왔다. 사진을 찍어서 SNS에 올리고 지인들에게 사진을 보냈다. 그리고 책갈피에 꽂아두었다. 이렇게 아름답게 익어가는 가을을 느끼고 담을 수 있는 것이 참으로 행복하다. 지금 내 눈 앞엔 가을이 수북하다. 내 발밑에, 내 어깨 위에 가득 쌓인 가을이 정말 예쁘다. 가을이 온통 나를 위해서 존재하는 것 같다. 계속 웃음이 나오고 배가 부른 느낌이다.

사람들이 내게 묻는다.
"아픈 사람 맞아요? 왜 이렇게 얼굴이 좋아요? 피부가 나보다 더 좋네"
싱그러운 나의 대답에 사람들이 감탄을 한다.
"저는 아무 문제 없어요. 다 건강해요. 단지, 암에 걸렸을 뿐이에요."
사람들은 배꼽을 잡고 웃는다.

내가 항암에 메여 고난 중에도 이렇게 얼굴이 좋고 마음이 평안한 이유는, 하나님의 은혜다. 동역자들이 해주는 기도의 힘이다. 그리고 전국에 계시는 지인들께서 정성 가득 담아 보내주시는 음식들이다.

어제는 페이스북 친구인 아산에 있는 00교회 사모님이 쑥 송편을 직접 빚고 동치미와 총각김치를 담가서 요양병원으로 가지고 오셨다. 손가락을 다쳐서 불편하고 아픈데도 정성스럽게 음식을 해 와서 더 고마웠다. 송편을 한개 입에 넣었다. 쑥향이 입안에 확 퍼지면서 초록잔디가 좌악 깔린 동산을 뛰어다니는 기분이었다.

동치미를 먹어보았다.

"어머!! 이거 사이다야?"

동치미인지 사이다인지 헷갈릴 정도로 톡 쏘는데 목구멍부터 배꼽까지 시원하게 뚫리면서 막혔던 것이 쑤욱 내려가는 느낌이었다. 일부러 몸에 안 좋은 것은 일체 넣지 않고 손수 과일을 갈아서 즙을 내서 동치미를 담갔다고 했다. 이 음식을 만들면서 얼마나 정성을 드리고 기도를 하면서 만들었을까를 생각하니 눈물이 핑 돌았다.

4차 항암 때는 카카오스토리 친구인 부산에서 사는 최 권사님이 김치와 황태구이 등 밑반찬을 무려 10가지나 만들어서 택배로 보내주셨다. 4차 때는 입안이 말로 형용할 수 없을 만큼 아프고 쓰라렸다. 백태까지 껴서 음식을 먹기가 너무 어려웠다. 고춧가루가 들어간 음식은 아예 입에 넣을 수조차 없다. 그래서 최 권사님이 보내준 그 맛난 음식들은 눈으로만 먹을 뿐 아쉽게도 당장은 먹을 수가 없었다.

그래도 쥐포볶음과 멸치볶음 두 가지를 살짝 먹어보았는데 정말 맛있었다. 항암 때문에 입맛이 없고 병원 음식의 간이 밋밋하고 싱거워서 식욕이 없는데 최 권사님이 보내준 쥐포와 멸치볶음을 식사 때마다 먹으니 밥을 조금씩 먹을 수 있었다. 입안이 회복되자 권사님이 보내주신 음식들을 마음껏 먹을 수 있게 되었다. 역시 최고의 맛이다. 정말 행복하다.

항암 치료를 한 후 이튿날부터 입맛이 떨어지기 시작한다. 5일째부터 12일까지는 음식을 도무지 먹을 수가 없다. 13일째부터 다시 입맛이 회복되기 시작해서 15일째가 되면 완전히 입맛이 회복되어 음식을 잘 먹을 수 있게 된다. 21일째가 되면 다시 또 항암제를 맞아야 되기 때문에 일주일 동안에 충분한 영양을 보충해야만 한다. 정말 기가 막히고 코가 막힐 노릇이다.

항암 치료의 부작용은 이루 말할 수 없이 극적이고 처참한 상황이다. 그렇기 때문에 경험해보지 않은 사람들은 아무리 설명해도 이해할 수 없고 공감할 수가 없다. 난 잠을 잘 수 없을 정도로 기력이 없다. 남편에게 보양식을 먹으러 가자고 내 입으로 말을 했을 정도다. 그 보양식이 기력을 회복시키고 원기를 회복시키는데 탁월하다는 얘기를 많이 들어왔기 때문이다. 이 힘든 상황을 어떻게든 떨치고 일어나야 한다는 일념뿐이었다. 난 물불을 가리지 않고 기운을 나게 하고, 입맛을 돌게 하는 음식이라면 무엇이든 먹었다. 나뿐만 아니다. 요양병원에 입원해 있는 환우들이 보양식 집을 알려주고 서로 정보를 공유하면서 살기 위해 안간힘을 쓴다. 무엇이 우리를 이렇게 만들었을까 탓하지 않기로 했다. 불평하지 않고 원망하지 않고 미워하지 않기로 했다.

감사는 행복을 여는 열쇠이다. 이 시간이 힘들지만 기쁘고 감사함으로 하루하루 빼곡히 채워가고 있다.

암은 앎이다. 나를 알게 되고, 가족을 알게 되고, 하나님을 알게 되고, 친구를 알게 되었다. 지금 이 순간 난 부자가 된 기분이다. 이렇게 아름답고 선한 친구들이 내게 있다는 것이 정말 행복하다. 난 지금 아무도 부럽지 않다. 이 기분 이대로 저축하고 싶다. 이 삶도 감사하며 한 조각 한 조각 행복으로 채워가 보자.

고난 당한 것이 내게 유익이라는 성경 말씀이 마음 깊이 스며들어온다.

12. 나를 치료한 유일한 치료약

 항암 치료 중인 환자들은 체온을 수시로 체크해야 한다. 체온이 38도 이상 고온으로 올라가면 즉시 응급실로 가야 한다. 왜냐하면 몸에 열이 난다는 것은 바이러스 등 외부 인자가 침투해서 백혈구와 싸우고 있다는 증거이다. 그러므로 면역력이 떨어져 있는 상황인데 바이러스나 세균이 침투해서 염증이 생긴다면 위험한 상황으로 발전할 수 있기 때문에 열이 나면 즉시 응급실로 가야한다.

 6차 항암 이후 체력이 급격히 떨어지고 다리에 근육이 다 빠져버려서 10분 걷는 것도 힘에 부칠 정도가 되었다. 어떤 날은 숨 쉬는 것도 힘들 정도로 기운이 없다. 요양병원 이원장님이 항암 치료의 횟수가 거듭될수록 항암제가 몸에 누적되면서 생기는 현상일수 있다고 말했다.
 6차 때는 호중구 수치가 130까지 떨어졌다. 말하자면 4천 개의 아군이 있는데 적(항암제)의 공격을 받아 다 죽고 그 중 130개만 남은 것이다. 호중구는 군대로 치면 보병이다. 전쟁이 일어났을 때 가장 앞장서서 적군과 육탄전을 벌여야 하는 세포다. 그러니 우리 몸에서 가장 중요한 세포인 것이다. 만약 이 상황에서 감염이 되면 지키고 보호해 줄 아군이 없으므로 그야말로 생명이 위험한 상황이 되는 것이다.

열이 38.5까지 올라가자 어지럽고 토할 것 같았다. 얼른 응급실에 가서 백혈구를 활성화 시켜주는 '그라신'이라는 백혈구 촉진제를 맞았다. 그런데 백혈구가 떨어졌을 때의 증상과 똑같이 몸에서 열이 나고, 힘이 없고, 늘어지고, 기운이 없어서 땅속으로 빨려 들어가는 느낌이었다.

피검사를 한 결과 백혈구 수치가 17,000까지 올라가 있었다. 기절할 노릇이다. 요양병원 이원장님이 백혈구가 떨어져도 위험하고 올라가도 위험하니까 빨리 응급실로 가라고 해서 사설 119를 불렀다. 세 번째 응급실행이다.

6시 퇴근길 고속도로에 들어서자 도로는 주차장이었다. 구급차가 싸이렌을 올리자 자동차들이 홍해 바다처럼 갈라지고 꽉 막혔던 도로 가운데 없던 길이 생겼다. 자동차들이 막힌 길을 열어주지 않았다면 아마 2시간은 넘게 걸렸을 텐데 요양병원에서 출발 1시간 만에 서울대병원 응급실에 도착할 수 있었다.

채혈을 하고 좁은 응급실 침대에 누워 천장만 바라보면서 결과를 기다리고 있는데 혈액배양결과는 함흥차사다. 밤을 꼬박 지새우고 아침 7시쯤 응급의 선생님이 왔다. 검사 결과 다 정상이라고 했다. 백혈구 수치는 시간이 지나면 자연스럽게 떨어질 거니까 퇴원하라고 했다.

1차부터 5차까지는 항암제를 맞고 12일째부터는 컨디션이 회복되었다. 그런데 6차 때부터는 컨디션이 바닥을 치면서 회복이 되지 않았다. 날이 가면 갈수록 더 심해지기 시작했다. 왜 그러는지 이유를 알 수 없고 불안이 증폭되기 시작했다. 요양병원에서도 명쾌한 답변을 해주지 못했다. 항암제가 쌓여서 그럴 수 있는데 난 좀 심한 것 같다는 말뿐이다.

눈앞에서 하얀 아지랑이 같은 것들이 수도 없이 날아다닌다. 귓속에서는 달그락거리는 소리가 들린다. 쓰러져 정신을 잃을 것만 같다. 다리에 힘이 없어서 산책도 못하고 5층 로비를 두 바퀴 걷는 것이 전부이다.

공황장애증세는 더욱 심해졌다. 가슴이 두근두근 요동을 치고, 심장이 밖으로 튀어나올 것처럼 쿵쾅거렸다. 극도의 불안이 찾아오고, 호흡 곤란이 왔다.

광주극동방송의 '하나님의 약병'을 틀어놓고 말씀을 계속 들었다.

2010년에 극심한 공황장애로 지옥 같은 시간을 지냈었다. 약에 대한 트라우마가 있어서 약을 먹으면 죽을 것 같은 공포 때문에 병원 약도 먹을 수가 없었다. 맨 정신으로 그 공포와 두려움을 이기는 것은 지옥보다 더 힘들었다. 나의 극심한 공황장애를 치료해준 유일한 치료약은 하나님의 말씀이었다. 수시로 성경 말씀을 읽고 묵상하고 외웠더니 공황장애가 치유되었다.

하나님의 말씀은 나의 생명이 되고 치료약이 되었다. 항암 치료 중인 요양병원 친구들에게 '하나님의 약병'을 공유해주었다. 그들도 말씀의 은혜를 풍성히 누리면서 기뻐했다. 마음이 평안해지고 잠도 잘 자게 되었다고 했다. 말씀은 나의 몸에 활력을 넣어 주고 나의 영혼을 촉촉히 적셔주었다.

13. 미안해 나의 세포들아!

오후 회진 시간이 되었다. 원장님이 내 안색이 안 좋다며 즉시 체온을 재보자고 했다. 체온이 38.5도가 나왔다. 깜짝 놀라며 혈액검사를 해보자고 했다. 혈액검사 결과 백혈구 수치가 30,000이 넘게 나왔다. 이대로 가면 체온이 계속 오를 거니까 빨리 응급실 가서 항생제를 맞는 게 좋겠다고 했다. 며칠 전에 백혈구가 떨어져서 촉진제를 맞았는데 그 촉진제가 또 화근이었다.

구급차를 불렀다. 기다리며 물수건으로 목과 팔과 다리를 계속 닦아주었다. 체온을 재보니 38도였다. 사설 구급차가 왔고 난 시트에 누운 채 구급차를 타려고 엘리베이터를 기다리고 있었다. 환우들이 엘리베이터 쪽으로 다가와서 내 손을 잡고 걱정하면서 용기를 낼 수 있는 말들을 건네주었다.

6차 때부터 계속 응급실 행이다. 백혈구가 떨어져서 응급실에 가고, 백혈구가 치솟아서 응급실에 가는 것을 반복했다. 체력은 바닥을 친 채 회복되지 않고, 다리는 힘이 빠져서 걸을 수가 없고, 뱃가죽은 등에 붙어버렸다. 내가 왜 그렇게 힘이 드는지 동료 환우들도 이해할 수 없다는 표정이고, 걱정스러운 표정이었다. 나도 답답했고 가족들도 답답해 했다.

남편도 이러다 잘못 되는 거 아닌가 하며 노심초사했다. 또 퇴근시간이 걸려서 홍해가 갈라지는 기적을 체험하며, 서울대병원 응급실에 도착해서 체온을 재니 39.1도가 나왔다. 난 깜짝 놀랐다. 그러나 간호사들은 놀라지 않았다.

응급 입원수속을 하고 5구역 중증환자 응급구역으로 들어갔다. 침대에 누워 있으라는 말만 할 뿐 한 시간 정도를 아무 것도 하지 않았고 무방비상태로 방치된 채 기다리고 있었다. 몸이 자꾸만 이상했다. 뜨거운 열이 꼬리뼈부터 뒷목으로 계속 치고 올라왔고 눈앞이 아찔아찔 했다. 눈앞이 밝았다어두웠다 하면서 정신을 잃을 것 같은 불안한 생각이 들었다. 공황발작의 전조 증상이었다. 이럴 때 몹시 당황하거나 놀라면 공황발작이 일어나 졸도해버린다. 나는 눈을 감고 호흡을 길게 하면서 마음을 안정시키려고 노력했다. 아무 일도 일어나지 않으니까 두려워하지 말라고 나에게 말해주면서 간절한 마음으로 하나님을 찾았다. 그러자 공황전조 증상이 제압되었다.

수액을 꼽고, 채혈을 한 후 한 시간 정도 지났을까 응급의 선생님이 와서 백혈구 수치가 3만이 넘는다며 아무렇지도 않다는 듯 말했다. 그리고 한 시간 후 다시 와서 염증 수치도 지난번보다 더 낫고 정상으로 나왔다며 단지 백혈구가 너무 높은 것이 문제인데 시간이 지나면 떨어질 거니까 퇴원하라고 했다.

허무했다. 아무 이상이 없으니 퇴원하라니. 난 이렇게 죽을 것처럼 힘든데 데이터가 정상이니까 퇴원하란다. 그렇다. 최첨단 의학도 모르는 게 많다. 찾아내지 못하는 게 너무 많다. 우리나라 최고의 병원 의사도 모르는 게 많다. 오직 하나님만이 다 아신다.

난 먹는 항생제와 해열제를 받아 퇴원했다. 택시를 타고 요양병원에 와서 체온을 재니 36.9도가 나왔다. 몸이 뜨거웠고 목덜미를 만져 보니 땀이 흥건했다. 침대에 누웠는데 눈물이 베개를 적실정도로 흘렀다. 순간 천장에 나의 세포들이 보였다. 마치 제초제에 취한 듯 힘을 잃고 쓰러져 있는 세포들, 피를 흘리며 죽어가는 나의 세포들이 보였다. 나의 세포들이 너무너무 불쌍했다. 주인을 잘못 만나서 고생하는 세포들이 너무나 안쓰러워서 내 몸을 구석구석 어루만지며 미안하다고 사과를 했다.

'미안해 나의 세포들아, 정말 미안해'
'주인을 잘못 만나서 너희들이 고생이 많구나'
'사랑하는 나의 세포들아, 내가 잘못했으니 나를 용서 하렴'
'힘을 내거라 나의 세포들아.'
'일어나거라 나의 세포들아,'
'나의 세포들아! 우리 같이 힘을 내서 싸워보자꾸나'
'나의 세포들아! 고지가 눈앞에 보이니 조금만 힘을 내자꾸나.'

14. 대진표를 바꾸다

유방암 진단을 받고 항암 치료를 시작하기 전에 막내 동생이 몹시 걱정하며 물었다.

"누나, 항암치료를 어떻게 해낸데.....? 잘 할 수 있겠어?"

"남들도 다 해내는데 나라고 못하겠어? 내 선배들이 모두 이 길을 지나갔잖아. 그러니까 나도 해낼 거야. 걱정 하지 마. 하나님이 나를 지켜 주실거야"

그런데 막상 항암 치료를 해보니까 만만치 않았다. 정말 죽을 만큼 힘들었다. 6차 때부터는 세포를 모조리 죽여 버리는 지독한 항암제와의 사투였다. 땅속에서 누군가 나를 끌어당기는 것처럼 내 몸은 자꾸 땅속으로 빨려 들어갔다. 도저히 일어날 수가 없을 정도로 기운이 깡그리 빠져버렸다. 함께 입원해 있는 병동 환우들이 머리를 갸우뚱하면서 유난히 힘들어하는 나를 측은히 여겼다.

8차 항암치료를 받은 후에는 침대에 시체처럼 누워서 실오라기처럼 가느다란 호흡을 하는 것조차 힘들었다. 남편과 아들이 나를 살짝만 만져도 마치 집채만 한 바윗덩어리가 짓누르는 것처럼 힘들었다. 이러다 죽을 수도 있겠구나 싶었다.

그때 비즈니스 파트너인 윤 권사님이 닭발을 사골국물처럼 뽀얗게 우려서 가져왔다. 백혈구를 올리는데 효과가 있다는 민간요법을 듣고 정성껏 우려낸 닭발 곰국이었다. 감격의 눈물이 나왔다. 나를 돕는 이들의 손길이 너무나 감사했다. 이렇게 좋은 사람들을 붙여 주신 하나님의 은혜가 크고 감사했다.

하지만 백혈구가 너무 많이 떨어져서 그 귀한 곰국을 하루 먹고 백혈구 촉진제를 맞았더니 또 백혈구가 3만까지 치솟아서 응급실로 실려 가야만 했다. 다섯 번째 응급실행이다.

응급의 선생님은

"또 오셨네요! 검사 결과 아무 이상 없으니 퇴원하세요."

마치 녹음기 테이프를 틀어 놓은 것처럼 똑같은 말을 했다.

난 응급의 선생님께 애원을 했다.

"선생님 저 갈 수 없어요. 제 모습이 안 보이세요? 내가 지금 이렇게 힘들어서 숨도 제대로 못 쉬겠고 죽을 것 같은데, 나더러 집에 가라고 하면 어떻게 해요?"

응급의는 내게 눈을 부릅뜨고 많은 사람들이 있는 원무과 앞에서 소리를 질렀다.

"병실이 있으면 입원시키죠. 이 병원에서 근무하는 의사인 제가 입원하려고 해도 병실이 없어요. 불만 있으면 청와대에 고소하고 병원 민원실에도 고소하세요."

아픈 것도 서러운데 의사에게 모욕을 당하니, 속에서 천불이 났다. 당장 일어나서 따지고 싶었다. 하지만 난 말하는 것도 힘들고, 앉아 있는 것도, 누워 있기도 힘든 상황이었다. 그저 눈물만 하염없이 흘리면서 돌아올 수밖에 없었다. 남편은 그 상황을 옆에서 목도하고도 아무 말 하지 않았다. 그런 남편이 너무 섭섭했다. 돌아오는 차 안에서 남편에게 물었다.

"내가 억울하게 당하는걸 보고도 왜 한마디도 못하고 죄인처럼 고개 숙이고 있었어?"

그러자 남편은 참담한 심정으로 말했다.

"의사 선생님인데 어떻게 말을 해..."

환자는 치료 받아야 할 권리가 있고 의사에게 불편함을 말할 권리가 있다. 환자가 죽을 것처럼 아프고 힘들다고 호소하는데, 컴퓨터 데이터가 아무 이상이 없다는 결과를 도출해 내면 그 컴퓨터 자료에 의존한 채 판단을 내린다. 누적된 피로로 지친 의사의 입장도 이해한다. 하지만 환자에게 소리를 지르고 겁박을 하는 건 의사로서 품위를 떨어뜨리고 해서는 안 될 행동이라고 생각한다.

정말 난 왜 이렇게 힘든 걸까? 남들은 항암 치료의 횟수가 늘어도 며칠 기운 없고 힘들다가 다시 회복되고 쌩쌩한데 난 왜 이렇게 힘든 걸까? 뭐가 문제일까? 자꾸만 나약한 생각이 들었다.

'이러다 암한테 지는 거 아닐까? 이러다 잘못되는 거 아닐까?'

요양병원에 도착하자마자 침대에 쓰러졌다. 옆방 언니가 남편 먹으라고 밥을 가져다주었다. 누워서 꼼짝도 하지 못하는 나를 보더니 걱정이 가득한 목소리로 괜찮겠냐고 물었다. 난 모깃소리로 말했다.

"언니 소금 있으면 나 소금 좀 줘"

소금이 부족해서 숨이 팍 죽은 절임배추처럼 이렇게 힘이 없나 싶어서, 소금을 먹어보고 싶었다. 소금을 한 수저 먹었지만 효과는 없었다.

내 몸 상태나 현실을 보면 소망이 전혀 보이지 않았다. 그래서 내 몸 상태를 보지 않고 하나님을 보려고 필사적으로 몸부림쳤다. 그때 문득 기막힌 생각이 떠올랐다.

"애란아! 네가 암과 싸우면 누가 이기겠니?"

"암이 이기지."

"그럼 하나님과 암이 싸우면 누가 이기지?"

"당연히 하나님이 이기지."

"그래! 그러니까 대진표를 바꿔. 너 대신 하나님으로 바꿔."

"유레카!!"

왜 여태까지 그 생각을 못했을까? 왜 내 힘으로 해보려고 했을까? 바보스러웠다. 난 대진표를 바꾸기로 했다. 나는 힘도 없고, 암을 이길 기술도 없다.

그러니 나 대신 하나님을 선수로 내세우기로 한 것이다. 그러자 괴롭고 불안하던 마음이 편안해졌다. 난 "선승구전"을 외쳤다. 이 싸움은 이미 이긴 싸움이기 때문이다. 전심전력으로 하나님을 붙잡았다.

"여호와께서 너희를 위하여 싸우시리니 너희는 가만히 있을지니라."

15. 항암의 시계는 돌아가고 있다.

첫 항암 치료를 하던 날 나에게도 마지막 항암을 하는 날이 올까 하는 막막한 생각이 들었다. 아득하고 까마득하게 보였기 때문이다. 갓 입대한 훈련병이 나에게도 제대하는 날이 올까 하는 것과 같은 심정이었지 싶다. 그래도 국방부 시계는 돌아가더라는 이야기를 하며 군필자들은 너털웃음을 짓는다. 멈춰 있는 것처럼 보이던 항암의 시계는 그래도 돌아가고 있었다. 드디어 여덟 번째 마지막 항암 치료를 했다.

쓰디쓴 항암 치료, 그 물이 너무 써서 수 백 번 뱉고 싶었다. 할 수만 있다면 안 마시고 싶었다. 도망치고 싶었다.

발레리나 강수진은 책 〈한 걸음을 걸어도 나답게〉에서 이렇게 말했다.

"매일 땀과 눈물을 쏟아냈다. 하루에 토슈즈를 서너 켤레씩 갈아치웠다. 슈투트가르트 극장의 물품담당자가 제발 토슈즈 좀 아껴 신으라고 충고할 정도였다. 한 시즌에 토슈즈를 몇 백 켤레씩 닳아 없앴다. 그러자 '강수진이 이렇게 잘했었나?'라며 다시 돌아볼 만큼 실력이 성장하기 시작했다." 강수진은 책에서 "후회를 남기기에는 인생이 너무 짧기에, 하찮은 오늘이란 없다"고 했다.

난 그녀의 문드러진 발을 보고 눈물을 흘렸던 적이 있다. 난 매일 눈물을 쏟아냈다. 내가 연약하기 때문에 힘을 달라고, 이 힘든 과정을 잘 이겨 낼 수 있게 해달라고, 이 두려움의 감옥에서 자유를 달라고, 죽어가는 육체에 생명을 달라고, 내가 죽을힘을 다해서 싸우고 있는 오늘이 하찮은 오늘이 되지 않게 해달라고 기도하며 눈물을 쏟아냈다. 나는 나의 눈물이 결코 하찮게 되지 않을 것을 굳게 믿었다.

절망하고 앉아 있기엔 내 인생이 너무 짧다고 생각했다. 나에게 주어진 이 하루가 참으로 소중하다는 걸 알았다. 내가 천국에 간 이후에 암에게 걸려 넘어진 사람으로 기억되고 싶지 않았다. 끝까지 암을 째려보고 쫄지 않았다는 것을 보여주고 싶었다. 한 걸음을 걸어도 나답게 걷고 싶었다.

그렇게 힘겨운 여덟 번의 항암 치료를 끝냈다. 봉지 봉지에 담아서 냉동실에 얼려두었던 닭발 곰국을 요양병원 환우들에게 나누어주었다. 암 환우들 사이에서는 이미 잘 알려진 백혈구 촉진 민간요법이기 때문이다. 환우들은 고마워하면서도 내심 미안해했다. 내 상태를 알고 있었기 때문이다. 나는 비록 지금 힘들고 곤핍하지만, 하나님의 손 안에 있다. 부서지고 깨지고 허물어진 내 몸이 다시 치유되고 회복되어 질 것을 믿는다. 앞으로 수술을 해야 하고 그 후 방사선 치료도 받아야 할지 모르지만, 건강한 몸으로 복원될 것을 믿는다. 그리고 내 삶의 지도가 더 아름답게 그려질 것이라는 희망을 안고 6개월간의 요양병원 생활을 마감하고 퇴원했다.

2부

생각대로 되지 않으니까
더 멋있다

1. 왜요? 왜 안 드셨어요?

마지막 항암 치료를 한 후 한 달 안에 수술 날짜를 잡아야 한다. 교수님을 만나 미팅을 하고 수술 날짜를 잡았다. 비록 시체처럼 침대에 누워있는 비루한 몸이지만, 항암 치료를 끝냈다는 성취감과 수술 날짜를 잡았다는 희망이, 나의 하루를 버틸 수 있는 유일한 생명줄 이다.

항암 치료에 비하면 수술은 아무것도 아니라는 선배들의 말이 축 늘어진 내 몸을 일으켜 세워주었다. 그 힘든 항암 치료도 해냈는데 수술쯤이야, 8부 능선을 넘었다고 생각했다. 2부 능선만 넘으면 고지가 나온다는 희망을 가졌다. 수술과 방사선 치료만 하면 고지를 점령한다고 생각했다.

비즈니스를 하면서 임계점에 도달하기 직전이 가장 힘들었다. 고수와 하수의 차이는 고수는 임계점에 도달하기 직전 1%에 목숨을 건다. 하지만 하수들은 1%를 채우지 못하고 포기해 버린다. 1도의 차이가 물의 성질을 변화시킨다. 나는 그 1을 위해 내 온 힘을 집중했다. 나의 온 정신을 집중했다. 수술과 남은 치료 과정에도 그때의 경험을 생각하며 집중하리라 다짐했다.

수술 전날 병원에서 전화가 왔다.

"박애란님 이시죠?"

"네"

"2008년에 갑상선암 수술을 하셨죠?"

"네"

"그럼 신지로이드를 매일 잘 드시고 계시죠?"

"아니요 3개월 정도 안 먹었어요."

"왜요? 왜 안 드셨어요?"

"음.... 어쩌다 보니까....."

"어떡하지? 아무튼 지금 빨리 신지로이드 드시고요. 내일 입원하는 날이니까 입원해서 피검사를 해볼게요. 내일 뵐게요."

갑자기 전두엽에 시냇물이 흐르는 것 같았다. 신지로이드 복용 확인을 묻는 전화를 대수롭지 않게 넘기기에는 뭔가 묵직한 것이 느껴졌기 때문이다.

'분명 수술과 연관이 있기 때문에 확인 전화를 한 것이 아닐까?'

항암치료를 받던 어느 날 동료로부터 전화가 왔다. 치료 잘 받고 완쾌되길 바란다며 응원해주었다. 자기도 갑상선 암 투병중이라고 말했다. 6년 전에 오른쪽 갑상 샘을 떼어내고 신지로이드를 복용 중이었는데 몇 년 전에 끊었다고 했다. 왜 끊었냐고 묻자, 자연치유하기 위해서 끊었다고 했다.

난 2008년에 갑상선 암 진단을 받고 갑상 샘을 모두 떼어냈다. 의사는 평생 갑상선 호르몬제를 복용해야 한다고 말했다. 만약 신지로이드를 안 먹으면 어떻게 되느냐고 내가 물었다. 의사는 중단하면 죽을 수도 있다고 했다. 그 후 나는 10년 째 신지로이드를 꾸준히 복용하고 있었다. 그런데 그녀의 얘기를 듣는 순간 나도 자연치유로 갑상선 암을 치료해야 겠다는 생각이 들어서 10년째 복용 중이던 신지로이드를 끊었고, 호르몬제를 안 먹은지 3개월째였다.

그런데 유방암 수술을 받기 전날 병원에서 확인 전화가 온 것이다. 대수롭지 않게 생각하고 싶었지만 의사가 확인 전화를 했다는 것을 결코 가볍게 넘길 수 없었다. 약상자에서 신지로이드를 찾아서 삼켰다.

"별일이야 없겠지... 유방암 수술과 신지로이드가 무슨 연관이 있겠어?"

하지만 뭔가 거대한 폭풍이 몰려오고 있는 것 같은 불길한 예감이 들었다.

2. 수술을 할 수가 없습니다.

수술을 하면 며칠 씻지 못할 것을 대비해서 샤워를 했다. 세상에 모든 찬
바람이 내 몸으로 다 들어오는 것처럼 너무나 추워서 샤워하는 내내 덜덜
떨었다. 혹시 감기에 걸릴까봐 감기약을 먹고 일찍 자려고 잠자리에 들었다.
밤 2시가 되도록 잠이 오지 않았다. 여전히 몸이 떨리면서 한기가 느껴지고
시린 느낌이 없어지질 않았다. 수술 전날인데 감기에 걸리면 수술을 할 수
없기 때문에 다급한 생각이 들었다. 땀을 빼면 풀릴까 싶어 전기매트의 온도
를 뜨겁게 올려놓고 거의 찜질을 하다시피 땀을 흘리면서 몸을 지졌다. 남편
이 내 얼굴을 보더니 왜 이렇게 얼굴이 빨가냐면서 깜짝 놀랐다. 그래도 몸
의 한기와 시린 느낌이 없어지지 않았다.

거의 뜬 눈으로 밤을 새우다시피 하고 아침이 되었다. 여전히 몸 상태는 어
젯밤과 똑같았다. 난 벌벌 떨리는 몸으로 옷을 여러 겹 껴입고 병원으로 갔

다. 남편과 아들이 입원 수속을 밟는 동안 난 병원 로비에 앉아서 조용히 기도를 했다. 그러는 사이 병실이 배정되어 우린 병실로 올라갔다. 수술을 위한 검사와 채혈을 하고 병실에 와서 가족들과 이야기를 하며 누워 있었다.

주치의 교수님과 선생님들이 병실로 찾아왔다.
"박애란님... 수술을 할 수가 없습니다."

난 마른하늘에서 천둥과 번개와 벼락이 한꺼번에 나를 때리는 것 같았다. 머릿속이 낙엽처럼 바스락거렸다.
"무슨 말인가요? 왜 수술을 못하는데요? 왜요?"
앞이 캄캄했고 내가 뭘 잘못 들었나 싶었다. 눈물이 봇물 터지듯이 와르르 쏟아지기 시작했다.

"갑상선 수치가 너무 낮아서 수술하면 생명이 위험하기 때문에 수술을 할 수가 없어요. 그러게 왜 신지로이드를 안 드셨어요?"
"그럼 전 어떻게 되는 거예요?"

"최대한 빨리 수술을 해야 하니까 일단 수술 할 수 있는 수치까지 끌어올리기만 하면 되거든요. 내분비내과 교수님이 신지로이드를 평소 용량보다 1.5배 정도로 증량해서 처방할 거예요. 일주일 동안 그걸 드시고 일주일 후에 다시 입원해서 체크해 봅시다. 갑상선 수치가 일주일 만에 올라오지는 않습니다만 올라오길 기대해보고 올라오면 수술하고, 안 올라오면 또 일주일

미뤄야 합니다. 그러니까 왜 신지로이드를 안 드셨어요. 큰일 나는 거예요."

왜 자꾸 나에게 이런 일이 일어나는 걸까? 머피의 법칙 같았다. 어지럽고 멍했다. 난 내 가슴을 때리면서 자학하기 시작했다.

"이런 머저리, 멍청이, 바보, 쪼다, 천치, 세상에서 가장 미련한 인간!"

눈물이 멈추질 않았고 나라는 인간이 그렇게 밉고 원망스러울 수가 없었다. 남편과 아들도 참담하고 어이없는 상황이 믿기지 않는다는 듯 어깨가 축 늘어져 있었다. 다시 짐을 싸서 집으로 돌아와야만 했다.

※이 책을 읽고 있는 환우 분들과 가족 분들에게 당부 드립니다.

평소 기저질환이 있는 분들, 혹은 지병이 있어서 병원에서 처방받은 약을 복용중인 분들은 반드시 약을 복용하시라는 말씀을 드리고 싶습니다. 특히 갑상선 호르몬제인 신지로이드, 신지록신은 반드시 챙겨 드십시오. 또한 가족 분들은 환자가 약을 복용하는지 확인해 주시기를 부탁드립니다.

3. 수수께끼가 풀리다.

갑상선 수치가 낮아서 수술을 할 수 없다는 말을 들었을 때 내 기분은 마치 사형선고를 받은 기분이었다. 그 이유가 신지로이드라는 것을 알았을 때, 나를 용서할 수 없었다. 나의 가슴을 쥐어뜯고 싶었다. 도대체 왜 그렇게 미련했을까? 뭐에 씌인 것처럼 왜 그런 무모한 행동을 했을까? 항암치료 중에 자연치유를 한다니? 뭐에 홀리지 않으면 도저히 할 수 없는 비상식적인 생각이다. 시간을 거꾸로 돌리고 싶었다.

병원에서는 왜 한 번도 이것에 대해서 짚어주질 않았을까? 병원에 첫 진료를 받으러 갔을 때 과거 병력을 확인하는 설문조사지에 분명 2008년에 갑상선암 수술 병력이 있다는 것을 기록했다. 그런데 신지로이드가 수술에 미치는 영향에 대해서 그 누구도 나에게 알려 주는 사람이 없었다. 환자의 생명에 미치는 중요한 주의 사항을 점검해 주지 않았다. 콩알보다 더 작은 신지로이드가 내 몸을 그토록 망가뜨리고 종국에는 내 생명을 죽음으로 몰아넣을 수 있었다는 사실에 소름이 돋았다.

요양병원에 입원해서 항암 치료를 하면서 다른 사람에 비해서 유독 힘들어했다. 체력도 회복이 안 되고, 말라비틀어진 화초처럼 축 늘어진 채 걷지도 못했다. 침대에 껌 딱지처럼 딱 붙어서 시체처럼 누워 있고, 응급실에 다섯 번이나 실려 갔다. 실오라기 같은 가느다란 숨 줄을 붙잡은 채 죽은 것처럼 누워 있었다. 내가 다른 환자에 비해 너무 힘들어했기 때문에 나를 주의 환자로 분류를 해 놓았다. 그런데 그 누구도 나의 힘듦에 대해서 "왜?" 라는 의문이나 질문을 해보지 않았을까?

너무나 혼란스러웠다. 물론 잘못은 나다. 내가 약을 안 먹었으니까 내가 100% 잘못한 거다. 누구도 탓할 수 없고 누구에게 잘못을 뒤집어씌울 수도 없다. 하지만 내가 말하고자 하는 것은, 왜 한 번도 물어보지 않았냐는 거다. 신지로이드를 잘 챙겨 먹고 있는지, 의사와 간호사들이 한 번도 물어보지 않았다는 사실이다.

나는 의학에 무식한 사람이다. 그 분야에 대해서 전혀 알지 못하는 사람이다. 신지로이드를 안 먹었을 때 부작용과 그것이 수술에 미치는 악영향에 대해서 전혀 알지 못하는 사람이다. 내가 알았다면 이런 실수를 저질렀을까? 절대 그럴 리 없다. 난 무슨 일이 있어도 반드시 챙겨 먹었을 것이다. 항암 치료를 하고 있는 상황이다. 안 그래도 면역력이 떨어져서 몸의 밸런스가 무너지고 각종 부작용으로 힘든 상황이다. 그 상황에서 신지로이드를 안 먹으면 몸이 더 힘들어지는데 그것을 더 악화 시킬 이유가 뭐가 있겠는가?

어쨌든 풀리지 않던 수수께끼, 항암 치료 중에 내가 다른 사람들에 비해서 유난히 힘들었던 이유가 신지로이드였다는 것을 알게 되었다.

4. 동굴 탈출

나의 암의 성격은 공격적인 삼중음성이다. 하루라도 빨리 수술을 해서 암 덩어리를 제거해야 하는 상황이다. 산 너머 산이라더니 나를 두고 한 말인 것 같았다. 일이 자꾸만 꼬이는 것 같았다. 더 깊은 동굴 속으로 들어가는 것만 같아 정말 눈앞이 캄캄한 상황이었다. 이 깊은 동굴 속에서 도대체 누가 나를 구해줄 수 있을까?

나는 혼란스러움에 매몰되지 않으려고 정신을 바짝 차렸다. 원망하고 불평하며 시간을 낭비하고 싶지 않았다. 마음을 평온하게 하고 생각을 정리하기 위해서 음악을 틀었다. 마음이 복잡하거나 스트레스 받을 때 즐겨 듣는 모차르트를 틀었다. 수술을 아주 못 한다는 것도 아니고 갑상선 수치가 올라가면 수술을 할 수 있다고 했다. 암이 온 몸에 퍼져서 진짜로 수술을 못하는 암 환우들도 있는데 난 할 수 있는 상황이다. 단지 미뤄졌을 뿐이다. 그러니 내가 할 일은 일단 감사부터 해야 했다. 마음을 평온하게 하는 것, 감기 걸리지 않도록 컨디션 관리를 잘 하는 것, 이번 주에 갑상선 수치가 정상으로 올라가서 수술을 할 수 있도록 기도하는 것이다.

지금 이 상황에서 내가 할 수 있는 것을 정리한 뒤 실천하기로 했다. 그렇다, 내가 할 수 있는 것은 오로지 하나님께 맡기고 기도하는 것밖에 없다. 하나님만이 나를 도우실 분이고, 하나님만이 나를 구원해 주실 분이다. 하나님은 나를 창조하신 분이다. 나의 체질을 아시는 분이다. 나의 문제를 정확히 알고 계신 분이다. 답답하고 어려운 문제를 해결해 주실 분이다. 오직 하나님 밖에 없다. 하나님의 긍휼하심을 더욱더 간절히 구했다. 하나님은 내 삶의 어려운 순간순간마다 족한 은혜를 주셔서 험한 길을 평지처럼 걷게 하신 분이다. 그 하나님의 은혜를 기억하며 이번에도 은혜 주실 것을 믿고 감사함으로 기도를 했다.

일주일이 지났다. 지난주에 병원에 가면서 챙겨두었던 짐 가방은 풀지 않은 채 거실 바닥에 그대로 있었다. 남편도 아들도 말이 없었다. 나도 말이 없었다. 다들 긴장한 것이 역력했다. 오늘은 결과가 어떻게 나올지 너무나 긴장되었다. 오늘도 갑상선 호르몬 수치가 정상 이하 이면 수술을 다시 일주일 연기해야 한다. 교수님의 말이 귓가에 맴돌았다.

"삼중음성이라 하루라도 빨리 수술해야 하는데..."

우린 병원으로 출발했다. 한강은 유유히 흐르고 있었다. 병원에 도착했다. 번호표 기계는 하얀색 종이를 연달아 토해내고 있고, 환자들은 그 하얀 종이를 뽑은 뒤 두리번거렸다. 그들의 얼굴은 표정이 없고 어두웠다. 접수 수납대 직원들은 여전히 바빴다. 부지런히 컴퓨터 자판기를 두들겼다. 순서를 알려주는 자동화 기계는 '딩동' 하고 다음 순서의 환자를 불렀다.

채혈을 하고 병실로 올라가서 환자복으로 갈아입었다. 나는 무엇보다 갑상선 호르몬 수치 검사 결과가 궁금했다. 아이보리색 가운을 입은 선생님이 병실로 왔다. 다행히 수술을 할 수 있는 수치까지 올라와서 수술을 진행해도 된다고 했다. 교수님도 일주일 만에 올라올 수 있을지 불확실했는데 천만다행이라며 기뻐했다. 내일 아침 7시 첫 번째 시간에 수술하자고 했다.

나의 지팡이가 되시는 하나님께서 깊은 동굴에서 끌어내 주시는 것이 느껴졌다. 나는 캄캄한 동굴에서 나와 밝은 빛을 보는 듯 했다. 쓴 물을 단물로 바꿔주시는 하나님, 내 생명을 음부에서 생명으로 인도하시는 하나님을 찬양하며 감사했다.

5. 여성성을 상실한다는 것

새벽부터 간호사들이 나에게 왔다갔다하며 이것저것 체크하고 바쁘게 움직였다. 나는 긴장한 탓에 뒤척이며 잠을 설쳤다. 수술 전에 해야 할 검사들이 있어서 수술복으로 갈아입고 지하 1층 촬영실로 내려갔다.

그 추운 이른 새벽에 목사님이 찾아오셨다. 수술 들어가기 전에 기도를 해주기 위해서였다. 수술복으로 갈아입고 휴게실로 가서 목사님께 기도를 받았다. 따뜻한 녹차를 마신 것처럼 마음이 따스해졌다. 남편과 아들, 딸도 내손을 꼭 잡고 기도를 해주었다. 든든한 지원군이 내 곁에 있어서 마음이 무척 든든했다.

암 수술을 두 번 받는 내 마음은 만감이 교차했다. 이제부터는 오롯이 나혼자만의 시간이다. 이번 수술은 내 왼쪽 유방을 잘라내는 수술이다. 유방암의 위치와 크기에 따라서 항암 치료 후에 크기가 많이 줄어들면, 전부 절제 수술을 하지 않고 부분 절제 수술을 해서 최대한 유방을 보존한다. 전부 절제 수술을 해야 하는 환자들은 수술하면서 곧바로 유방 재건수술까지 하는 사람들도 많다. 하지만 난 암의 위치가 유두와 가깝고, 유두에도 상피내암이 생긴 상태여서 어쩔 수 없이 전부 절제 수술을 해야만 했다. 그리고 재발과 전이가 많은 삼중음성이었기 때문에, 5년간 관리를 잘 해서 완치 된 후에 재건 수술을 하는 게 좋겠다고 해서 그렇게 하기로 했다.

여자로서 여성성을 상실하게 되는 수술이기 때문에 더더욱 마음이 무거웠다. 한쪽 가슴이 없기 때문에 몸의 중심이 안 맞아서 척추가 휘어지는 척추 측만증이 생긴다는 말도 들었다. 남들 앞에 자신의 몸을 보여주기 싫어서 대중목욕탕을 못 간다는 말도 들었다. 여성성을 상실한 상실감에 남편과 성관계를 못 한다는 말도 들었다. 매사에 자신감이 많이 떨어진다는 말도 들었다. 100% 공감이 되었다. 여자로서 한쪽 가슴이 없는 삶은 꿈에도 상상해본 적이 없다. 그리고 여성의 가슴은 실루엣이 나타나는 신체 부위이기 때문에 자신감이 결여되고 위축되는 것은 당연할 것이라는 생각이 들었다. 유방암 환자들을 위한 실리콘 브라가 많이 있으니까 수술 후에 차차 알아보고 극복하기로 했다.

몇 가지 검사를 마친 후에 유방암 수술을 받기 위해서 가족들과 함께 수술실로 내려갔다. 긴장되고 떨렸다. 수술은 총 5시간이 걸릴 것이고, 만약 림프에 전이 소견이 보이면 더 걸릴 것이라고 했다. 가족들과 인사를 하고 수술대기실로 들어갔다.

수술 대기실 스피커에서는 마음에 안정을 주고 긴장한 몸을 풀어주는 잔잔한 음악이 흘러나오고 있었다. 하지만 수술 대기실은 무척 시끄럽고 번잡스러웠다. 각종 수술을 받기 위한 환자들이 침대에 누워 있고 또 계속 들어오고 있었다. 모두가 긴장한 탓에 몸에 힘이 잔뜩 들어간 채 돌처럼 굳어 있었다.

간호사와 수술도우미들은 환자의 이름과 수술 명과 수술 위치를 확인하느라 정신없이 바빴다. 그 상황에서 환자들이 마음을 안정시키고 평정심을 유지하기란 어려워 보였다.

긴장감이 감도는 수술 대기실은 음악소리보다 환자들의 심장소리가 더 컸다. 내 심장소리가 가장 크게 들렸다. 난 눈을 감고 기도를 했다.

"저의 생명의 주인이 되시는 하나님, 당신께 모든 것을 맡깁니다. 저의 병든 육체를 하나님의 손에 맡깁니다. 하나님께서 감독이 되어주셔서 수술에 임하는 모든 이들을 지도해 주세요. 주치의 선생님의 생각과 감정과 손끝을 붙들어 주세요. 보조하는 선생님들이 실수하지 않고 잘 보조할 수 있도록 도와주셔서 수술이 완벽하게 잘 되게 해주세요. 이 수술실에 예수님의 은혜를 가득 채워주세요. 그리고 제가 건강히 눈을 뜰 수 있도록 도와주세요. 혹시 제가 눈을 못 뜨고 천국에 가게 되더라도 저를 받아주세요."

드디어 내 이름이 불렸다.
"박애란 님 유방외과 OOO교수님 왼쪽 가슴 수술 맞죠?"

"네"

수술실로 들어갔다. 수술실로 들어가자마자 냉기가 온몸으로 들어왔다. 세균과 바이러스의 번식을 막기 위해 수술실의 온도를 매우 차갑게 유지시키고 있는 듯 했다. 수술대에 도착하자 다섯 명의 수술 팀이 기다리고 있었다. 다시 한 번 내 이름과 주치의와 수술 부위, 위치를 확인했다. 나의 등에 무언가를 붙이더니 잠깐 일어나 보라고 했다. 난 상체를 일으켜 잠깐 일어났다가 다시 누웠다. 그리고 깊은 잠에 빠져들었다.

6. 내 몸의 지형이 바뀌었다.

"박애란 님 수술 다 끝났으니까 정신 차려보세요"

안개 속에 갇혀있는 것처럼 정신이 몽롱했다. 간호사의 말이 들렸지만 내 입에서는 대답이 나오지 않았다. 비몽사몽 상태였고 왼쪽가슴에 심한 통증이 느껴졌다.

'내가 깨어났구나. 수술이 끝났구나. 하나님 감사합니다.'

나를 깨워주시고 정신이 돌아오게 해주신 하나님께 가장 먼저 감사 기도를 드렸다.

몸이 덜덜 떨렸다. 사시나무 떨 듯 떨고 있는 내게 간호사는 단호한 음성으로 말했다.

"마취가 깨어나야 하니까 지금부터는 주무시면 안 되고 복식 호흡을 계속

하셔야 합니다."

회복실로 옮겨졌다. 몽롱한 상태였지만 폐에 쌓인 마취제를 배출시키기 위해서 복식호흡을 했다. 잠시 후 가족들이 왔다. 남편이 어리둥절하며 물었다.

"왜 이렇게 일찍 끝난 거야? 다섯 시간 걸린다고 해서 아직도 두 시간은 더 기다려야 겠구나 하고 보호자 대기실에서 기다리고 있었는데 세시간만에 끝났네..."

다행히 림프 전이도 없고, 수술도 잘 되어서 예상 시간보다 일찍 끝난 거라고 했다.

하나님의 강력한 주권이, 나를 사랑하시는 하나님의 돌보심이 수술실에서 나와 함께 하셨던 것이다.

나는 감사한 마음으로 다시 한 번 간절히 하나님께 아뢰었다.

"하나님, 감사합니다."

병실로 올라왔다. 유난히 밝은 햇살이 내 침상을 비추이고 있었다. 간호사가 피를 뽑으려고 했지만 몸이 동태처럼 얼어서 바늘이 들어가지 않았다. 발목에 시도를 했다. 나는 여전히 온 몸을 떨고 있었다. 간호사는 왜 이렇게 떠시냐며 물어 보았다. 너무나 추웠다. 발목에도 바늘이 들어가지 않았다. 얼음처럼 꽁꽁 얼어버린 내 몸을 녹이기 위해서 가족들과 강국장이 팔 다리를 한 개씩 붙들고 마사지를 하기 시작했다. 간호사는 피 한 방울 뽑지 못하고 돌아갔다. 그 와중에도 나는 복식호흡을 멈추지 않았다.

나의 왼쪽 가슴은 이제 내 몸에서 떠나갔다. 영원히 떠나갔다. 다시는 볼 수 없게 되었다. 풍만하고 아름다웠던 내 가슴은 날아갔다. 내 몸의 지형이 바뀌었다. 50년을 나와 함께 살아왔고 내 두 아이를 먹여 살려 주었던 생명의 젖이 없어졌다. 높은 산이 깎이어 평지가 되듯 봉긋한 내 가슴이 잘려나가고 고속도로가 되었다.

예전에 개그콘서트라는 프로그램에서 김지혜 씨는 왜소한 자신의 가슴을 개그 소재로 만들어 웃음을 주었었다.

"가슴이, 가슴이, 고속도로에요."

하지만 나는 내 몸을 사랑한다. 이전의 몸도 사랑하고 가슴이 잘려나간 지금의 이 몸도 사랑한다. 앞으로도 천국에 갈 때까지 이 몸을 입고 살아 갈 테니까.

고지를 정복했다. 이제 건강이 회복되는 일만 남았다. 그동안의 한숨이 변하여 기쁜 노래가 되게 해주셨다. 화를 복으로 바꿔주시는 좋으신 하나님께서 나에게 이렇게 큰 상급을 주시다니 너무나 감사해서 자꾸만 눈물이 났다. 남편이 눈물을 닦아주며 왜 자꾸 우느냐고 물었다.

"하나님이 너무 좋아서…"

잘려진 빈 가슴에 하나님의 은혜를 풍만하게 채워주시고, 사랑을 가득 담아주시고, 긍휼함을 넘치도록 채워달라고 기도드렸다. 새 삶을 허락하신 하나님께 감사를 드렸다.

7. 완전관해, 축하해요

가슴에 두 개의 피 주머니를 달았다. 9일이 지났는데 피 주머니에서는 계속 시뻘건 핏물이 멈출 기미를 보이질 않는다. 왼쪽 가슴을 절제했기 때문에 잠잘 때도 당분간 왼쪽으로 누워 자면 안 된다고 했다. 피 주머니를 달고 있어서 여간 불편한 것이 아니었다. 화장실에 가려고 몇 걸음 걸었다. 아뿔싸 뭐가 잘못되었는지 환자복이 시뻘건 피에 젖어버렸다. 아들이 황급히 뛰어나가서 간호사를 불렀고 달려온 간호사가 처치를 해주었다.

5인실의 입원실, 나를 제외한 네 명의 환자들이 회복이 되어 차례로 퇴원을 했다. 난 어느새 병실 고참이 되어 새로운 환자를 맞이하는 신세가 되었다. 요양병원에 있을 때 수술을 하러 간 언니들이 일주일이면 다들 퇴원해서 오는 걸 봤다. 하지만 나는 9일째가 되었는데도 쉽게 회복이 안 되고, 통증도 너무 심하다. 핏물도 멈추지 않고, 모든 것이 더디고 느렸다.

갑상선 기능 저하로 인해 몸의 기능과 균형이 무너진 상황이었기 때문에 조급하게 생각하지 않으려고 했다. 남들과 비교하지 않고 나의 회복속도에 감사하면서 마음의 여유를 가지려 노력했다.

아침 식사 후에 소화도 시킬 겸 병동을 몇 바퀴 돌았다. 교수님의 회진을 기다리는데 9시가 다 되도록 오지 않았다. 오늘은 안 오려나 보다 하고 씻고 있었다. 아들이 교수님 회진 오셨다며 날 불렀다. 난 환자복 바지를 돌돌 말아 올리고, 옷소매도 돌돌 말아 올리고, 발은 물에 젖은 채 논에서 모내기하다 나온 사람처럼 헐레벌떡 샤워실에서 나왔다.

김 교수님이 나의 침상 앞에 혼자 서 있다가 하얀 이를 드러내고 살짝 미소를 지으면서 말했다.

"조직 검사 결과 암세포가 하나도 없다고 나와서 결과가 아주 좋게 나올 것 같아요."

"정말요? 와 너무 좋다. 감사합니다."

한여름에 폭포수 앞에 선 것처럼 시원하고 짜릿했다. 눈 주변이 뜨거워지면서 콧날이 시큰했다. 아들은 내 두 손을 꼭 잡고 고생했다며 정말정말 축하한다며 내 손과 양 볼에 뽀뽀를 해주면서 소리쳤다.

"엄마, 정말 너무너무 고생하셨어요. 정말 잘 견디셨어요. 엄마, 축하해요"

옆 침상에 있던 나와 같은 유방암 수술을 한 언니도 축하한다며 박수를 쳐주었다.

암 환자들은 고통스러운 항암치료를 받으면서 암의 크기가 줄거나 암이 아예 없어지기를 기대한다. 수술 할 때 떼어낸 암 덩어리로 최종 조직검사를 통해서 암세포의 상태를 알 수 있다. 그렇기 때문에 수술 후 환자들이 가장 궁금해 하는 것이 최종 조직 검사 결과이다. 또한 수술을 한 후에 최종 병기가 결정되기 때문에 결과를 무척 궁금해 한다. 그런데 최종 조직검사 결과 암세포가 전혀 발견되지 않았다는 기쁜 소식을 듣게 된 것이다. 정말 날아갈 듯이 기뻤다. 눈물이 핑 돌았다. 나는 다시 한 번 소리쳤다.

"하나님, 감사합니다."

오후 회진 시간에 주치의 교수님이 오셨다.

"오전에 결과 들으셨죠? 아주 잘됐어요. 암 세포가 전혀 없는 것을 '완전관해'라고 하는데 축하해요."

"완전관해면 방사선 치료를 안 해도 되는 건가요?"

"그런건 묻지 마세요."

유쾌하지 않았지만 얼른 툭툭 털어버렸다. 프러포즈를 받은 것 같은 이 기쁘고 설레는 기분을 방해받고 싶지 않았다. 많이 행복해 하고 싶고 이 기분을 오랫동안 유지하고 싶었다.

영화 <어바웃 타임>에 나오는 대사를 중얼거리며 웃었다.

"인생은 모두가 함께 하는 여행이다. 매일매일 사는 동안 우리가 할 수 있는 건 최선을 다해 이 멋진 여행을 만끽하는 것이다."

인생은 여행이다. 함께 하는 여행이다. 혼자 하는 여행도 좋지만 함께 하는 여행은 즐거움과 행복을 배가 시켜준다.

암은 나에 대해서 알아 가는 여행이다. 내 몸에 대해서 알아 가는 여행이다. 내가 알지 못했던 나를 알아 갈 때 얼마나 짜릿한지 모른다. 또한 암은 인생을 한 차원 더 깊이 알아 가는 여행이다. 죽음에 대해서 깊이 사색하는 여행이다. 내 삶을 돌아보는 아름다운 여행이다. 암은 하나님에 대해서 더 깊이 알아가는 여행이다. 귀로만 듣던 하나님을 눈으로 보게 되는 신앙의 여행이다. 나는 매일매일 최선을 다해 이 여행을 만끽하고 있다.

8. 그래도 넌 걸을 수 있잖니?

따뜻한 햇살이 어느덧 봄기운을 느끼게 한다. 십자 모양의 노란 개나리가 폈다. 햇살을 품은 호수가 반짝반짝 은빛 보석을 만들어내는 것을 벤치에 앉아서 보고 있자니 행복이라는 단어가 둥둥 떠다녔다.

수술 이후 손가락이 붓고 주먹을 쥘 수 없을 정도로 통증이 심하다. 다리와 관절 마디마디가 너무 아파서 병원에 입원해 있을 때 통증에 대해서 호소를 했지만, 수술 한지 며칠 안 됐으니까 당연히 그럴 거라며 너무 걱정하지 말라고 했다. 시간이 지나면 없어진다고 하니까 그 말을 믿고 기다렸다. 하지만 시간이 지나도 온 몸에 생긴 통증이 없어지질 않았다. 통증은 시간이 갈수록 점점 심해졌다. 내 마음을 사망의 음침한 골짜기로 밀어 넣고 있다.

손발이 저리고 손가락 마디마디가 퉁퉁 붓고 견딜 수 없이 아프고 밤에 이불을 끌어당길 수도 없을 정도로 통증이 심하다. 통증 때문에 잠이 깰 때도 있다. 상체를 조금만 앞으로 구부려도 근육이 갈기갈기 찢어지는 것처럼 아프다. 싱크대 아래에서 프라이팬을 꺼내려고 몸을 수그리면 근육이 뚝 끊어지는 것처럼 아프고 칼로 근육을 갈기갈기 찢는 것 같은 아픔이 느껴진다. 허리 아래로 모든 관절이 한 걸음 뗄 때 마다 와르르 무너지고 부서지는 것 같다. 걸을 때마다 비명소리가 난다. 눈물이 줄줄 흘러내린다. 특히 의자에 앉았다가 일어서서 걸으려고 할 때가 가장 아프다. 정말이지 비명 소리가 저절로 나온다.

정기 검사를 받으러 병원에 갔을 때 내 통증의 양상을 말했다. 항암 후유증이라는 말로 일축해 버리고 더 이상 묻지도 따지지도 말라는 식이었다. 짧으면 6개월 길게는 2년 정도 시간이 지나면 나을 거니까 그러려니 하고 운동하라고 했다.

항암 치료 할 때는 통증이 없었는데 왜 수술 후에 이렇게 감당하기 힘든 전신 통증이 생겼느냐고 물었다. 하지만 항암 후유증이라는 말 외에는 더 이상 들려주지 않았다. 삶은 고구마를 50개 정도 먹은 것처럼 가슴이 답답했다.

통증도 통증이려니와 기력이 회복되지 않는 것도 문제였다. 조금만 움직여도 숨을 쉴 힘도 없이 기력이 완전히 쇠진해버린다. 마치 핸드폰 배터리가 방전되듯이 힘이 다 빠져버린다. 아무것도 못하고 서너 시간씩 누워있어야 충전이 되어서 몸을 아주 조금 움직일 수 있다.

의사는 아프다고 누워만 있지 말고 하루 30분 이상 움직이라고 했다. 걸어야 항암물질이 빠져나간다고 했다. 혈액순환도 좋아지고 점점 후유증이 사라질 거라고 했다. 납덩어리처럼 딱딱하고 무거운 몸을 이끌고 걸으려고 노력했다. 병원에서 퇴원한 지 얼마 안 됐을 때는 10분 걷는 것도 힘들었다. 10분 정도 걸으면 남편은 내게 돌아갈 걸 생각해야 한다며 무리하지 말라고 말했다. 내가 내 다리로 10분밖에 걷지 못하리라곤 상상도 못했던 일이다. 허리와 고관절과 관절이 너무 아파서 더 이상 걸을 수가 없다. 정말 너무나 기가 막힌 상황이다.

항암과 수술이 끝나고 이제 고생 끝 행복 시작인 줄 알았다. 건강을 회복하는 일만 남은 줄 알았다. 설상가상이었다. 전신통증이라는 황무지가 기다리고 있을 줄 짐작도 못했다. 통증이 심해서 견딜 수 없다고 하자 병원 교수님이 진통제를 처방해주었다. 하지만 진통제도 효과가 없다.

느린 걸음으로 100m정도 걸으면 통증이 더 심해지고 체력도 바닥이 나서 걸을 수가 없다. 그래도 매일 걸었다. 아파서 도저히 못 나가겠다고 하면 남편은 그래도 운동해야 한다며 억지로 데리고 나갔다. 그래서 또 걸었다.

때때로 마음이 무너지고 눈물이 하염없이 흐를 때도 있다. 그렇게 건강하던 내 몸이 왜 이렇게 망가졌나 생각할 때 마음이 산산이 부서진다. 그 순간 하나님이 내 귀에 속삭이셨다.

"그래도 넌 걸을 수 있잖니?"

걸을 수 있다는 것 한 가지만이라도 얼마나 감사한가? 공원을 걷다 보면

뇌경색으로 편마비가 온 환자들이 불편한 다리를 끌어가면서 운동 하는 모습을 종종 볼 수 있다. 휠체어를 타고 바람 쐬러 나온 이들도 본다. 젊은 청년이 편마비가 와서 운동하는 것도 보았다. 그 분들을 보며 생각했다.

'세상에는 아픈 사람이 너무 많아, 그러니 나만 아프다고 생각하지 말자, 왜 나만 아프냐고 불평하지 말자, 나보다 훨씬 더 아픈 사람들도 많다, 손가락 하나 움직이지 못하는 사람들도 많다. 그런 사람들에 비하면 난 행복한 사람이다, 그러니 아파도 두 다리로 걸을 수 있음을 감사하자'

나는 앞이 캄캄하고 막막하지만 통증이 사라질 것을 믿는다. 믿음은 바라는 것들의 실상이요 보이지 않는 것들의 증거다. 황무지 같은 이 몸이 백합화처럼 곱고 향기롭게 피어나게 될 것을 믿는다. 광야 같고 메마른 사막 같은 내 삶에 샘물이 터지게 될 것도 확신한다. 나의 슬픔과 탄식이 변하여 기쁨의 노래로 바뀌게 될 것을 믿는다.

9. 거북이보다 느려도 달팽이보다는 빠르다.

소통 전문가들은 소통의 기본은 공감에서 출발한다고 말한다. 우리나라를 대표하는 소통 전문가 김창옥 교수도, 김미경 교수도 같은 말을 한다. 그 상황이 되어 보지 않은 사람은 공감지수가 떨어진다. 이론으로 배워서 공감하는 것은 진정한 위로가 될 수 없다.

나는 남들보다 다른 상황을 경험하게 하는 이유에 대해서 생각하기 시작했다.

빠르게 걷고 싶지만 거북이처럼 느렸다. 마음은 간절히 원하고 있지만 몸이 따라 주질 않는다. 비가 오는 날은 더 많이 아프다. 어렸을 때 비가 오려고 흐린 날에는 할머니께서 온 몸이 아프다고 하셨던 것이 기억난다.

통증 환자들은 기압이 내려가면 더 아프다는 것을 알게 되었다. 머리로만 알던 것을 이제 몸으로 알게 되었다. 항암이 몹시 힘들다는 것도 몸으로 알았다. 두 번의 암을 경험하면서 적어도 암에 대해서는 100% 공감할 수 있게 되었다. 또한 통증에 대해서도 100% 공감해 줄 수 있는 공감능력을 가지게 되었다.

어느 날 공원을 걷다가 수풀 사이에서 집을 지고 다니는 달팽이를 발견했다. 달팽이는 꼼지락 꼼지락 움직이고 있었다. 한참을 앉아서 보고 있었는데 답답하지만 달팽이는 앞으로 나가고 있었다. 그때 깨달았다. 달팽이와 거북이는 느려도 앞으로 나간다는 것을. 그 순간 비록 지금 내가 거북이처럼 느리게 걸어도 달팽이 보다 빠르다는 것이 기적처럼 느껴졌다.

바람의 신으로 알려진 이종범 선수는 이런 말을 했다.

"첫술에 배부를 수 없다. 너무 멀다고 느껴져도 한 걸음씩 준비하며 나아가면 어느새 목적지에 도달해 있는 자신의 모습을 보게 될 것이다."

급히 먹는 밥이 체하는 법이다. 천 리 길도 한 걸음부터 시작해야 하듯이 느린 걸음으로 천천히 걷는 것을 부끄러워하지 않기로 했다. 그동안 빨리 걷느라 놓쳤던 것을 보는 기회로 삼기로 했다. 이 시간들이 쌓여서 나의 보물이 되고 나만의 콘텐츠가 될 것을 기대했다. 나는 어떤 환경에서도 그 환경에 맞는 나를 만들어냈다. 또 그 환경이 나를 지배하지 못하도록 탈출에 성공했다. 이 상황에서도 열등감에 빠지지 않고 나답게 나만의 길을 만들기로 다짐했다.

건강한 사람이 공원 호수를 한 바퀴 도는데 20분 정도 걸린다. 하지만 난 1시간도 더 걸렸다. 뼈가 주저앉을 것처럼 통증이 밀려오기 때문에 쉬어야만 했다. 그래도 매일 걸었다. 참새 눈물만큼 조금씩 좋아지고 있음을 행복하게 생각하며 걸었다. 기쁘고 감격스러운 마음으로 한 걸음 두 걸음씩 걸었다.

그러다 재활 병원을 찾아갔다. 의사 선생님은 항암 치료를 하면서 근육이 다 빠져 통증이 생기는 것 같다고 했다. 그러면서 근육을 키우는 재활 치료를 받으면 통증이 줄어들 수 있다고 했다. 기대와 희망을 가지고 근육 만드는 재활 치료를 시작했다. 가뜩이나 기운이 없는데 무거운 기계를 다리에 묶어 놓고 다리를 올렸다 내렸다 하는 운동은 도저히 감당할 수 없었다. 그래도 근육을 키우면 통증이 없어진다고 하는 말을 믿고 일주일에 3회씩 했는데 죽을 것처럼 힘들었다. 주치의에게 말했더니 절대로 무리하면 안 된다며 당장 그만두라고 했다. 그래서 난 그날로 그만두고 걷는 운동에 매진했다.

3개월 정도 지났을 때 공원을 한 바퀴 돌 수 있게 되었다. 총 2km를 걸었다. 공원을 걸으면서 기도했다. 이 시간이 곧 지나갈 것을 믿으며 걸었다. 늘 감사했고, 감사를 잊지 않으려 했다.

"지선아 사랑해"로 알려진 이지선 자매의 간증을 듣고 너무나 많은 것을 깨달았다. 반성하고 , 도전을 받았다.

그녀는 꽃 같은 대학생 때 교통사고를 당해 전신 55%의 3도 중화상을 입고 40번의 수술을 했다. 견딜 수 없는 통증을 겪으면서도 매일 감사할 것을 찾았다고 했다. 내가 통증을 겪고 있기 때문에 그녀의 고통이 어느 정도인지 공감할 수 있었다.

그녀는 나보다 몇 배의 통증을 겪고 있는데도 항상 감사했다. 그녀가 매일 감사거리를 찾았다면 나도 감사거리를 찾아야겠다고 생각했다. 매일 감사했고 감사 노트를 쓰기 시작했다.

10. 늙어가는 것이 아니라 익어가는 거예요.

어느 날 항암 치료 중인 친구들끼리 찜질방에 갔다. 스님이 가까이 오더니 어느 절에서 왔느냐고 물었다. 항암사에서 왔다고 하자 스님은 고개를 갸우뚱 하면서 처음 듣는 절이라고 했다.

벌거벗었던 나무에 새순이 돋아나기 시작했다. 화학항암제에게 머리카락을 빼앗겼던 나의 머리에도 드디어 봄이 왔다. 투항도 못해 보고 힘없이 빠져 버렸던 나의 머리카락들이다. 눈썹도 빠지고, 코털도 빠지고, 겨드랑이 털도 빠지고, 몸에 있는 털은 모두 빠져 버렸다. 항암치료 중인 사람들의 얼굴을 보면 모두 모나리자다.

민둥산처럼 맨들맨들 하던 머리 위에 머리카락이 모습을 보이기 시작했다. 하얀색이 먼저 나오기 시작하더니 까만색도 나오기 시작했고 제법 자랐다. 머리카락이 안 나오면 어쩌나 걱정을 했는데 창조주가 만드신 인체가 보면 볼수록 신비롭다.

아들은 나의 머리카락을 만지면서 '슈퍼맨이 돌아왔다'의 벤틀리 같다며 놀리곤 한다. 내가 봐도 머리카락 색깔만 다를 뿐 벤틀리와 똑같은 것 같아 자꾸 웃음이 나온다.

항암 치료가 끝난 후 머리카락이 안 나와서 가발을 쓰고 사는 사람도 많이 보았다. 지독한 항암제, 못된 항암제가 인체의 세포와 생리현상 체계를 망가뜨리고 무너뜨린 결과다. 여성들은 생리가 끊겨서 불임이 되는 경우도 허다하다. 그래서 미혼 여성들이나 아이를 출산해야 하는 가임기 여성들은 난자를 채취해서 냉동시킨 후에 항암 치료를 받기도 한다. 항암제의 독성은 무엇을 상상하든 그 이상이다.

여성들은 항암 치료가 끝나면 머리카락을 잘 나게 한다는 맥주효모를 먹는 사람들도 있다. 머리카락이 조금씩 자라는가 싶으면 미련 없이 밀어 버리는 사람들도 있다. 그렇게 서너 번 밀어줘야 머리카락이 잘 자라고 숱도 풍성하게 나온다면서 열 번을 밀어 버린 사람도 있다. 소심한 나는 아까워서 밀수가 없었다. 어떻게 자란 머리카락인데 안 나오면 어쩌나 싶어서 밀수가 없었다. 그래서 한 번도 안 밀고 나오는 대로 그냥 놔뒀다.

외할머니의 유전 영향으로 30대 중반부터 월중행사로 염색을 해왔다. 외국의 은발의 숏 컷트를 한 모델이 너무나 매력적으로 보였다. 나도 60살이 되면 염색 안 하고 은발로 살리라고 했었는데 그 소원이 10년 앞당겨 이루어졌다.

최덕임은 그의 딸 춘자에게 흰머리를 유전시켰다.

춘자는 그의 딸 애란에게 흰머리를 유전시켰다.

춘자는 20대부터 흰머리가 나기 시작하여 30대에 백발이 되었다.

애란은 30세 되던 해에 흰머리가 나기 시작하여 40대에 반백발이 되었다.

애란이는 결혼해서 요셉이와 하영이를 낳았다.

그 자녀들에게 흰머리가 안 나오길 간절히 기도했다.

그 자녀들이 30세와 28세가 되었는데 아직까지 검은 머리털인 것을 보며 주님께 감사를 드렸다.

그 후로도 애란이는 매일 기도를 드린다.

"주님!

제 머리카락이 흰색이든 검정색이든 쑥쑥 잘 나오게 하여 주시고

우리 자녀들은 100세가 될 때까지 검은 머리카락이게 하옵소서"

머리카락이 3cm정도 자란 것 같아 용기를 내서 드디어 가발을 벗고 외출을 했다. 가발을 벗으니 머리가 무척 가볍고 시원했다. 공원에서 산책을 하는데 그렇게 기분이 좋을 수가 없었다. 살랑살랑 부는 바람에 머리카락이 들썩이며 휘날렸다. 정수리에서부터 발끝까지 기쁨의 세포가 분수처럼 하늘로 치솟았다. 행복한 기분을 누구에게도 방해받고 싶지 않았다. 누구에게도 빼앗기고 싶지 않았다. 산책하는 사람들을 붙들고 묻고 싶었다.

"저 오늘 가발 벗고 외출했어요. 저 어때요? 예뻐요? 괜찮아요?"

가발을 벗고 첫 외출을 한 기념으로 셀카를 찍으려고 스마트폰을 열었다.

카메라 속 내 모습이 죄수처럼 보이고 센 언니처럼 보였지만 난 내가 너무 멋있다. 핍절한 삶 가운데 싱그러운 봄바람이 불어오는 것 같았다. 기분이 봄봄 하다. 머리카락들이 내게 말했다.

"늙어가는 것이 아니라 익어 가는 거예요!!"

기쁨이와 행복이가 시소를 탄다.

11. 예쁜 꽃을 피우리라.

벚꽃이 지고 철쭉이 피어나기 시작했다. 연보라색 라일락 꽃향기에 심취해서 잠시 생각의 신호등이 깜빡 깜빡 점멸등을 켠 사이 황홀감에 빠졌다. 메마르고 앙상하던 나뭇가지는 어느새 연두색 나무터널을 만들었다. 민들레 홀씨는 삼삼오오 무리를 지어 두둥실 여행을 다닌다. 덕분에 산책길에 길동무가 생겨서 심심치 않아 좋다. 거의 매일 공원에서 산책을 하며 걷는다. 건강해진 나의 모습을 상상하며 기쁜 마음으로 천천히 걷는다.

'걸을 때마다 600개의 근육과 200개의 뼈들이 움직이며 치료 호르몬을 분비시킨다.'
'걸을 때마다 자율신경계가 안정 되고 달콤한 숙면을 선물한다.'

수술 후 4개월이 되었다. 다리 통증은 조금도 좋아지지 않았다. 통증이 너무 심해서 눈물을 쏟으며 어쩔 줄 몰라 했다. 요양병원 친구들은 하루가 다르게 몸이 좋아지고 회복되는데, 나는 좋아지지 않자 메뚜기처럼 작아지고 자존감이 바닥으로 곤두박질을 쳤다.

친구들에게 통증이 없느냐고 물어보았다. 항암 치료 할 때는 통증이 있었지만 지금은 통증이 없다고 대답했다. 매일 산에 다니면서 땀을 흘리며 운동하고 있어서 기분도 상쾌하고 날아갈 듯 좋다고 말했다.

마음이 조급해 진다. 수많은 생각의 조각들이 시시때때로 나의 전두엽을 아프게 쪼아댄다. 내 마음을 흩어 불안의 늪으로 빠뜨린다. 성경 말씀을 묵상하면서 조급한 마음을 진정시키고 찬양을 부르면서 우울한 마음을 전환시키고 상한 마음을 치유하려 무진장 노력을 한다. 기도하던 중에 '사랑의 병원'이 떠올랐다.

사랑의병원은 암 환자들을 위한 통합면역치료병원이고, 미슬토 요법을 우리나라에 최초로 도입한 황성주 박사님이 운영하는 병원이다. 그 병원에 가면 통증에 대한 실마리를 찾을 수 있을 거라는 실낱같은 희망이 생겼다. 즉각 사랑의 병원으로 달려갔다.

사랑의 병원 선생님은 항암 치료의 부작용이라고 말했다. 그리고 항암치료과정에서 미토콘드리아 등 신체를 구성하는 각각의 세포가 손상되었다고 했다. 그것이 통증을 유발시키는 원인이 될 수 있고, 세포가 에너지를 만들어내지 못하기 때문에 통증도 빨리 없어지지 않는 것이라고 했다. 난 일주일에 한 번씩 고용량비타민C 50g과 셀레나제, 글루타티온 등 칵테일 주사 치료를 받기로 했다. 피하지방 주사제인 자닥신과 미슬토는 일주일에 두 번씩 맞기로 했다. 뭔가 벌써 건강해진 기분이었다. 통증이 깨끗하게 사라진 기분이 들어서 무척 기분이 좋았다. 열심히 치료 받으면 좋아질 것이라는 확신이 들었다.

인간은 성장과 성숙을 통해 자라간다. 어떤 상황이든지 그 상황의 재료를 가지고 성숙해 가는 것이다. 전혀 예상하지 못했던 전신통증은 내 삶을 피폐하게 하고 황폐하게 했다. 하지만 지금 이 상황의 재료를 가지고 내면의 성장과 성숙을 이루어 가고 있다. 그리고 신앙의 성장과 성숙의 길도 함께 걷고 있다.

온실 속 화초는 곱게만 자랐기 때문에 작은 바람에도 견디지 못하고 쓰러져 버린다. 하지만 야산에서 자란 들꽃은 비바람에 흔들릴 뿐 쓰러지지 않는다. 흔들리지 않고 피는 꽃은 없고 비바람 없는 곳에서는 꽃이 피지 않는다. 난 지금 두 번의 암과 통증 때문에 흔들리고 있지만 결코 쓰러지진 않을 것이다. 난 이 비바람에 넘어지지 않고 반드시 일어서서 예쁜 꽃을 피울 것이다.

12. 감정거세

요즘 SNS를 하다보면 재미난 이모티콘들이 많다. 우리나라 사람들은 주로 카카오톡을 많이 사용하는데, 이모티콘을 사용하지 않는 사람은 없을 것이다. 바빠서 시간이 없을 때 이모티콘으로 댓글을 대신할 때가 많다. 나의 기분과 감정을 표현하는 수단으로 이모티콘이 사랑을 받고 있다. 내 감정을 글로 표현하지 않고 이모티콘에게 외주를 주는 것이다.

암 환우들은 자신이 아픈 것을 공개하기 꺼려한다. 마치 무슨 죄라도 지은 것처럼 두려워하고 숨기려 한다. 아픈 것은 죄가 아니고 내 잘못도 아니다. 내가 아파보니 그렇다. 아픈 이야기를 해도 내가 얼마만큼 아픈지, 얼마만큼 괴로운지 상대방은 모른다. 내가 항암 치료 중에 괴로워하면서 힘들다고 말해도 가족들은 내가 얼마나 힘든지 모른다. 내가 통증 때문에 울부짖어도 가족들은 나의 통증을 측량할 수가 없다. 그가 내가 아닌데 어찌 알겠는가?

또 항암 치료를 오래 하는 환우들도 있다. 긴병에 효자 없듯이 투병 기간이 길어지면 가족들도 점점 지치고 감각이 무뎌진다.

그래서 환우들은 더 외롭고 더 서럽다. 흑암이 가득하고, 혼돈스럽고, 불안하고, 두렵다.

전혀 생각하지 않았던 죽음이 코앞에 와서 앉아 있다고 생각해보라.

불쑥불쑥 올라오는 두려움을 안고 오롯이 혼자서 그 아픈 길을 가야한다. 외로운 길을 가야 한다. 그러다보면 마음까지 암에 걸리게 된다. 아프다고 말하고, 울고 싶다고 말하면 바보처럼 보일까봐 속 앓이 하며 안 그런 척 숨기고, 숨어서 우는 환우들도 많다.

이야기해도 공감해 주는 사람이 없고 진짜로 위로해 주는 위로자가 없기 때문에 그럴 수도 있다. 그래서 아픈 마음을 받아 주고 위로해 주며 함께 가 줄 한 사람이 필요하다. 가족이든 친구든 동료든 내 마음을 이해해 주고 공감해 줄 한 사람이 있어야 한다. 그 사람에게 나의 감정을 숨김없이 다 표현할 수 있어야 한다.

자식들 앞에서 약한 모습을 보이기 싫어서 힘들어도 꾹꾹 누르고 참는 분들이 있다. 난 내 감정을 숨기지 않는다. 아픈 것도 힘든데 감정마저 숨기면 더 힘들 것 같았다. 아프면 아프다고 말하고, 울고 싶으면 가족들이 있어도 엉엉 운다. 암 환자들은 스트레스나 화를 담아두면 그것이 오히려 독이 된다. 가급적이면 감정을 숨기지 않고 표현한다. 자신에게 솔직하고, 가족들에게도 솔직하게 표현한다.

암 환우들은 날씨에 따라, 그날 컨디션에 따라서도 감정 기복이 심하다.

마음이 힘들고 정신적으로 힘들 때가 있다. 자신의 감정이 스스로 제어가 안 될 때가 있다. 혼자서 참으려고 하면 안 된다. 감정을 거세하지 말아야 한다. 그럴 때는 나를 깊이 이해하고 내 말을 잘 들어주는 사람에게 내 감정, 내 아픔, 내 상황을 솔직하게 이야기를 하는 것이 치유에 도움이 된다.

친척 중에 두 명이 암으로 세상을 떠났다. 그들은 숨이 끊어지는 순간까지 죽기 싫다며 억울해 했다. 저 사람 때문에 내가 암에 걸렸다며 가족을 원망했다. 또 한 사람은 자기를 힘들게 한 사람을 원망하며 내가 왜 죽어야 하느냐고 억울해 했다.

나도 죽음이라는 것을 생각하지 않고 살아왔다. 덜컥 암에 걸리자 가장 먼저 머릿속에 떠오르는 생각은 죽음이었다. 우리나라 부동의 사망률 1위가 암이기 때문에 부인할 수 없다. 그러니 암에 걸렸다는 사실을 확인하는 순간 거의 대부분의 사람들은 죽음이라는 단어를 떠올린다. 두려움과 공포 속에 힘든 시간을 보내게 된다. 암과 싸우는 것도 힘든데 죽음과도 싸워야 하는 이중고를 겪게 되는 것이다.

나는 말이 많은 사람이 아니고 수다스러운 사람도 아니다. 그런데 암에 걸리고 전신 통증이 생기고 난 후 가족에게 적극적으로 표현한다. 나 아프니까 집안일 좀 도와달라고 말한다. 친구에게나 동료에게도 아프다고 이야기 한다.

나는 여전히 내 감정을 숨기지 않는다. 그것이 내가 살고 내 가족이 사는 길이라는 것을 알게 되었다. 말을 안 하고 내 기분, 내 감정을 표현을 안 하면 사람들은 모른다. 가족도 24시간 나와 함께 있을 수 없다. 사랑하는 배우자도 내 마음을 알 수가 없고 나의 아픔을 짐작만 할 뿐이다. 그러므로 내 감정을 감추지 말고 있는 그대로 표현하는 것이 매우 중요하다.

13. 하나님의 맷돌

사랑의병원에서는 매주 월요일과 목요일 날 환자들을 위한 치유 예배가 있다. 난 치유 예배 때 진통제를 먹고 찬양으로 섬기기도 했다. 내가 친하게 지내는 CCM가수들을 초청해서 함께 콘서트도 하면서 환우들을 섬겼다.

난 팔에 주사를 꽂고 예배를 드리는 시간이 너무나 행복하다. 동변상련의 마음으로 모여서 예배를 하고 기도를 하기 때문에 어느 때보다 간절한 기도가 나온다. 나보다 훨씬 심각한 환우들을 보면 나보다 그를 위한 간절한 기도가 먼저 나온다. 예배가 끝나면 병원에서 마련한 항암샐러드를 먹으면서 환우들과 교제를 한다.

항암 치료를 할 수 있고 수술을 할 수 있는 사람은 그나마 다행스런 경우이다. 너무 늦게 발견해서 아무것도 해보지 못하고 세상을 떠나는 사람도 아주 많다.

사랑의병원에 와서 알게 된 숙이 언니는 위암 말기였다. 평소에 소화가 잘 안 되고 입맛도 없었지만 괜찮아 지겠지 하고 소화제만 먹었다고 한다. 1년이 지나도록 좋아지지 않아 병원에 가서 내시경 검사를 했는데 이미 손을 쓸 수 없는 상태가 되어 있었다.

숙이 언니는 날 보면 무척 좋아했다. 언니가 사랑의병원에 처음 온 날. 치유 기도회를 마치고 같은 테이블에서 샐러드를 먹게 되었다. 내가 재미난 이야기를 많이 해주었다. 언니는 너무나 밝게 웃었다. 그렇게 웃어 본적이 처음이라고 했다. 그러면서 나만 보면 또 웃게 해달라고 했다.

나는 "하늘의 향기" 라는 자작 에세이를 카톡으로 보내주었다. 밤새 암성 통증 때문에 잠을 못자고 사경을 헤맸음에도 불구하고, 내 글을 꼼꼼히 읽고 꼬박꼬박 답을 보내주곤 했다. 결국 그 언니는 암이 발견 된지 3개월 만에 천국으로 갔다. 언니를 마지막으로 병원에서 본 날, 언니는 뼈만 앙상하게 남은 채 복수가 터질 것처럼 차 있었다. 그날, 내 손을 꼭 잡고 "고마워"라고 말하던 언니를 생각하면 지금도 마음이 울컥해진다.

유한한 땅에서 산다는 것 자체가 고난이다. 하지만 주님은 결단코 아픔과 고통, 슬픔을 가져가시고 그 자리에 기쁨과 평강을 채워주신다. 하나님은 그만큼 우리가 행복하게 살기를 원하시는 분이다.

내가 감자전이 먹고 싶다고 하자 남편이 감자를 썰어서 믹서기에 넣고 돌렸다. 그러자 믹서기가 슝 하고 돌면서 순식간에 감자가 형체도 없이 갈렸다.

그걸 보자 문득 믹서기는 순식간에 도는데 하나님의 맷돌은 천천히 도는 것처럼 느껴졌다. 하지만 천천히 돌아도 모든 것을 곱게 갈아낸다. 내가 겪고 있는 이 아픔의 시간도 하나님의 맷돌에 갈리고 있는 시간일 거라는 생각이 들었다. 부서지고 깨지는 과정을 통해 곱디고운 가루로 만들어 질 것이다. 녹아지고 스며들어서 예수 맛을 내는 양념이 되었으면 좋겠다는 간절한 기도를 하나님께 드렸다.

14. 나를 홀대하지 않을 거야

최진영의 소설 〈해가 지는 곳으로〉에서 진아가 이렇게 고백한다.

"불행이 바라는 건 내가 나를 홀대하는 거야 내가 나를 하찮게 여기고 망가트리는 거지. 난 절대 이 재앙을 닮아가진 않을 거야 재앙이 원하는 대로 살아가진 않을 거야."

재앙이 원하는 대로 살아가는 건 하나님의 은혜 안에서 멀어지는 거다. 난 절대로 무너지지 않을 거라고 다짐했다. 통증은 내가 나를 하찮게 여기고 망가트리길 원하지만 나는 절대로 나를 망가트리지 않을 거라고 다짐했다. 결단코 나를 홀대하지 않을 거라고 다짐했다.

어느 날 치유 기도회를 마치고 병실로 올라와서 쉬고 있었다. 어떤 분이 병실로 나를 찾아왔다. 무슨 일로 찾아왔느냐고 물었다. 아까 치유 기도회가 끝나고 다과 시간에 나를 보고 깜짝 놀랐단다. 내가 너무 밝게 웃고 혈색도 좋고 말도 잘해서 보호자인줄 알았단다. 그런데 자기처럼 팔에 주사를 꽂고 있는 암 환자여서 어떻게 그렇게 밝을 수 있는지 궁금해서 찾아왔다고 말했다. 당황스러웠지만 고마운 마음이 들었다. 난 그분에게 솔직히 말 했다.

"제가 밝게 웃을 수 있는 이유는 예수님이 기쁨을 주셨기 때문입니다."

사실 유방암 수술 후에 생긴 알 수 없는 전신통증으로 말로 형용할 수 없이 온 몸이 아팠다. 도무지 감당할 수가 없고, 괴로워서 눈물이 마를 날이 없고, 남편에게 죽여 달라고까지 했다. 그만큼 온 몸을 아프게 하는 통증이 너무너무 견디기 힘들었다. 이렇게 사는 것보다 차라리 죽어서 천국에 가는 것이 더 낫겠다는 생각이 들었기 때문이다. 그 날 아침, 남편과 아들은 날 붙잡고 대성통곡을 했다. 아들은 제발 엄마 좀 아프지 않게 해달라면서 하나님께 기도를 하면서 울었고, 남편은 차라리 대신 아팠으면 좋겠다고 말하며 울었다.

못이라면 뽑아버리면 되고, 가시라면 빼버리면 된다. 그러나 눈에 보이지 않는 통증은 수술을 할 수도 없고, 뽑아 버릴 수도 없고, 빼버릴 수도 없다.

너무나 괴로웠고, 절망에 빠진 채 허우적거렸다. 세상의 그 어떤 것도 나의 고통을 절감시켜 주지 못했다. 그러나 하나님의 말씀을 붙든 순간 나는 살아날 수 있었다. 고통에서 벗어날 수 있었다.

나는 필사적으로 예수님을 붙들었고, 하가다를 했다.

'하가다'Haggadah는 '그 이야기'라는 뜻으로 유대인들이 유월절 전야에 출애굽기를 읽으며 하나님이 이스라엘을 구원하신 것을 기억한 데서

시작됩니다. 오늘날 '하가다'는 '성경구절을 소리 내어 반복하여 읽는 것'
을 의미하는 말이기도 합니다.

'하가다'는 광주극동방송에서 목요일 아침에 진행되는 프로그램이다. 아침에 일어나면 광주극동방송 앱을 켜고 말씀을 듣는다. 항암 치료를 할 때는 극동방송에서 진행하던 '하나님의 약병'을 통해서 큰 은혜와 평안을 경험했다. 통증을 이기는 힘과 치료도 반드시 주실 것을 믿고 '하가다'를 열심히 했다. 나는 종일토록 말씀을 읊조렸다.

"믿음의 주요 또 온전하게 하시는 이인 예수를 바라보자"

"주님은 당신을 따르는 백성에게 힘을 주신다. 주님은 당신을 따르는 백성에게 평화의 복을 내리신다."

결과는 놀라웠다. 하나님은 부서지기 쉬운 질그릇 같은 내 육체에 기쁨을 부어주셨다. 보잘 것 없는 질그릇 속에 웃음을 채워주셨다. 통증을 겪으면서도 사람들에게 웃음을 주고 기쁨을 주는 메신저로 살게 하셨다.

"나는 박애란이다. 하나님이 귀하게 여기는 사람이다. 세상의 어느 꽃보다 더 아름답고, 더 멋지고, 더 품위 있는 박애란이다. 암도, 통증도, 주님의 손을 잡고 품위 있게 극복해 내리라."

15. 삶을 해석하는 철학

위대한 삶을 산 사람이 위대한 것이 아니라 오늘 나에게 주어진 삶을 잘 살아낸 사람이 위대한 사람이다. 고통과 아픔은 누구에게나 있는 법이다. 그 것을 잘 해석하고 슬기롭게 풀어서 살아 내는 것이 나에게 주어진 숙제이다. 철학을 전공하고 철학을 가르치는 사람만이 철학자가 아니다. 나에게 주어 진 삶을 나만의 철학적 사고로 해석해 내는 것 그것이 철학이다.

아침에 일어나면 등과 어깨와 뒷목이 밤새 몽둥이로 두들겨 맞은 것처럼 아프다. 근육이 끊어지는 것 같다. 침대에 걸터앉아 살짝살짝 움직여서 스트 레칭을 해 준다. 여전히 어깨가 찢어지는 것 같다. 침대에서 일어나 다리를 움직이면 얼얼하고 저린 통증이 밀려온다. 엉덩이뼈와 고관절이 무너지는 것 같다. 또 다시 통증과의 전쟁이 시작 되는 것이다.

아침 식사를 하기 위해서 주방에서 과일을 씻고 계란을 삶고 쉐이크를 타는데 소요되는 시간은 30분 정도다. 식탁에 앉으려고 하면 관절이 접히질 않는다. 막대기처럼 딱딱한 다리 때문에 손으로 식탁을 집고 조심스럽게 의자에 앉는다. 고작 30분 움직였는데 3시간 등산을 한 것처럼 힘들다.

밤에 잠자리에 들기 싫을 때도 있다. 아침에 일어났을 때 온몸으로 느껴지는 통증이 감당이 안 되기 때문이다. 잠자리에 누워서 기도를 하고 잠을 잔다.

"하나님 내일 아침에 일어날 때는 안 아프게 해주세요."

그러나 눈을 뜨고 몸을 일으키면 여지없이 통증이 느껴진다. 순간 최악으로 떨어진 컨디션을 붙들고 기도한다.

"주님, 나를 불쌍히 여겨주세요"

어느덧 긍정적인 생각으로 바뀐 나를 본다.

나는 아프지만 당당하고 기쁘고 여전히 내 삶을 사랑하고 축복한다.

'내가 전신 통증에 걸리고 싶어서 걸렸나?'

'세상에 아프고 싶은 사람이 있을까?'

난 아프고 싶지 않았다. 병들고 싶지 않았다. 건강하고 아름답게 살고 싶었다. 열심히 살다가 하나님나라에 가고 싶었다. 그러나 내가 원하지 않았던 암이 두 번씩이나 찾아왔고 통증이 찾아왔다. 나에게 찾아왔으니 나의 삶이고 내 것이다. 누구와도 나눌 수 없고 누구도 덜어갈 수 없다. 말로는 위로할 수 있고 손으로는 쓰담쓰담 만져 줄 수 있지만 아무도 통증을 나눠 가질 수 없다. 그래서 외롭고, 그래서 서럽다. 하지만 이 삶을 받아들이고 친구처럼 함께 가야한다. 이것이 암과 통증을 슬기롭게 극복해 가는 나만의 철학이다. 하나님께서 나에게 이런 마음을 주셨고, 함께 동행해 주셨다.

나는 혼자 자랐기 때문에 친구 사귀는 법을 몰랐다. 내 인생에 예고도 없이 찾아온 암이라는 친구, 통증이라는 친구와 사귀는 법을 몰랐다. 친해지는 법도 몰랐다. 난 그 친구들을 너무나 부담스러워 했다. 너무나 힘들어 했다. 나를 몹시 고통스럽게 했기에 부인했고 거부했다. 시간이 지나면서 암과 통증을 슬기롭게 이길 수 있는 방법을 찾아내려고 했다. 짜증내고 안달복달한다고 없어지는 것도 아니고, 울고불고 한다고 없어지는 것도 아니었다. 내가 두 번의 암에 걸려서 흘린 눈물과 전신 통증 때문에 울었던 눈물을 항아리에 담아놓았다면 가득 찼을 것이다. 많이 울었다. 운다고 통증이 없어지는 것은 아니었지만 시원했다. 우는 것도 치료에 도움이 된다는 의학적 자료가 있다. 내 경험에 의하면 울고 싶을 땐 실컷 우는 것도 치료에 도움이 되었다. 그러나 나는 안다. 내가 울 때 하나님께서도 함께 우셨다는 것을.....

16. 삶의 질이 상류층이 되었다.

2,500년 전 히포크라테스는 "걷기는 가장 훌륭한 약이다." 라고 말했다. 일본의 나가오 클리닉 원장이자 의료법인 유와카이의 이사장인 나가오 가즈히로는 그의 책 〈병의 90%는 걷기만 해도 낫는다.〉에서 "모든 병을 이길 강력한 힘은 걷기에서 시작된다."고 했다.

나는 거의 매일 1시간 이상씩 걷는다. 산에도 자주 다닌다. 맨발로 숲길을 걷는다. 처음에는 맨발로 300m 걷는 것도 발바닥이 아파서 힘들었다. 계속 걷다 보니 아픈 걸 덜 느끼고 걸을 수 있게 되었다. 조용히 숲길을 걸으면서 사색을 한다. 좋아하는 강의도 듣는다. 음악도 듣는다. 글감이 떠오르면 바로 스마트폰에 메모도 한다. 나를 채우고 나를 알아가고 나를 성장시키는 시간이 걷는 시간이다.

글쓰기를 한다. 워낙 글 쓰는 것을 좋아한다. 나의 감정과 생각을 글로 써서 SNS에 공유한다. 에세이를 써서 카톡으로 보내기 시작했다. SNS에 공유하는 것은 10년 가까이 쭉 해오던 것이었기 때문에 부끄러움이 없었다. 그러나 지인들에게 보낸다는 것은 용기가 나지 않았다.

하지만 내 작은 글이 한 사람이라도 살리는 글이 된다면 얼마나 좋을까 싶어서 용기를 냈다. 내가 보내 준 글을 받아 읽고 피드백을 보내주면 뿌듯하고 기분이 좋다. 글쓰기가 치료에도 많은 도움이 되었다.

카메라를 들고 사진을 찍으러 다닌다. 자연을 보는 것이 너무 좋다. 하늘을 보면 마음이 맑아지고 물을 보면 정신이 깨끗해진다. 꽃을 보면 행복하다. 사진 찍은 것을 SNS에 공유하고, 포토에세이를 써서 포스팅을 한다. 소유하는 행위에서 공유하는 행위로 발전시켰다. 그러자 내가 찍은 사진을 보고 사람들이 좋아했다. 기분이 너무 좋았다. 기쁨으로 마음이 충만해 졌다. 그 결과 극빈층으로 추락했던 내 삶의 질이 상류층으로 올라가면서 풍성해졌다.

암과 전신 통증을 다스리는 슬기로운 방법 중에 가장 중요하게 생각하는 것은 영성생활이다. 나는 암에 두 번이나 걸렸다. 극심한 공황장애도 겪었다. 전신 통증과 함께 살고 있다. 우울증에 걸렸었다. 그럼에도 내가 기쁘고 즐겁고 감사하는 이유는 신앙의 힘이다.

사람들은 내 힘으로 안 된다는 것을 알았을 때 신을 찾게 된다. 나의 한계를 느낄 때 전능자를 찾게 된다. 특히 질병으로 고통당하는 환우들은 초월자를 찾게 된다. 그것은 당연한 것이다. 사람은 종교적 존재이기 때문에 그렇다.

풀 한 포기 꽃 한 송이를 보고 하나님이 믿어지는 사람이 있다. 하늘을 나는 새를 보고 하나님이 느껴지고, 밤하늘에 반짝이는 별무리를 보고 하나님이 믿어지는 사람이 있다. 그림을 보다가 하나님을 발견한 사람도 있고, 노래를 듣다가 하나님의 임재를 경험하는 사람도 있다. 과학을 연구하다가 하나님께 붙들리는 사람도 있다.

영성훈련을 위해서 성경을 읽고 묵상한다. 극동방송을 듣고, 설교 말씀과 기독교 강좌를 듣는다. 아침마다 큐티를 한다. 영성생활은 복잡한 마음을 고요하게 해준다. 불안한 마음을 평온하게 해주고 질병을 이길 수 있다는 확신을 준다. 죽음의 공포에서 벗어나게 해준다. 신앙은 질병을 극복하고 치유하는데 중요한 촉매 역할을 한다.

17. 생각대로 되지 않으니까 더 멋있다.

　나는 모차르트를 좋아한다. 요즘은 더 자주 듣는다. 통증이 있을 때 진통제를 먹고 모차르트의 음악을 들으면 진통 효과가 극대화되고, 통증이 사라지기도 한다기에 해보고 있다. 플라세보 효과일 수도 있으나 통증을 떨쳐버릴 수만 있다면 안 하고 후회하는 것보다, 해 보고 후회하는 걸 선택했다. 어차피 인생이란 무엇을 먹고 무엇을 할 것인지 매 순간 선택하며 사는 것이다. 잘못된 선택의 결과로 리스크를 안기도 하지만 결과를 알 수 없는 것이 인생이고, 뜻대로 되지 않는 것이 인생이다. 하지만 때때로 뜻하지 않았던 좋은 일도 일어나는 것이 또 인생이다. 난 매 순간 좋은 일이 있을 것을 기대하고 상상한다.

　어릴 때 열심히 보았던 주근깨투성이 빼빼 마른 빨간 머리 앤은 이렇게 말했다.

"세상은 생각대로 되지 않는다고 엘리자가 말했어요. 하지만 생각대로 되지 않으니까 더 멋있는 것 같아요. 생각지도 못했던 일이 일어난다는 거니까요."

내가 두 번씩이나 암에 걸린다는 것은 상상도 못했다. 나에게 이런 극심한 통증이 생긴다는 것도 생각하지 못했다. 나의 시나리오엔 전혀 없었던 내용이다. 하지만 고통의 터널을 지나오는 동안 내가 잃은 것 보다 얻은 것이 훨씬 많다.

생각지도 못했던 좋은 사람들을 얻었다. 통증 초기에 몹시도 괴로워 할 때 동료로부터 대체 의학 전문가이신 한 박사님을 소개받았다. 그분은 이학박사인데 암 환자를 상대로 임상연구를 했던 분이다. 내 몸에서 일어나고 있는 통증의 원인과 해결 방법을 정확하게 규명해 주었다. 무엇을 어떻게 먹어야 하는지도 지도해 주었는데, 전신 통증에 기운이 없고 힘이 빠진다고 하자 혈중 염도가 낮아서 그럴 거라면서 소금을 먹으라고 했다. 난 깜짝 놀랐다. 병원에서는 저염식을 하라고 하는데 소금을 먹으라니 어안이 벙벙했다.

우리 몸의 혈중 염도는 0.9%를 유지해야 한다. 건강한 사람의 혈중 염도는 보통 0.6~0.9%를 유지하고 있다. 반면 암 환자들은 거의 0.3~0.6%를 유지하고 있다고 했다. 나도 염도를 체크해보았더니 역시나 0.4%가 나왔다.

우리 몸은 전자(음이온)로 움직인다. 전자는 산소와 소금, 비타민C를 통해서 몸에 흡수가 된다. 환자들이 공기가 좋은 산속에 들어가면 건강이 회복되는 이유가 전자(음이온) 때문이라고 말했다. 아무리 좋은 음식과 영양식을 먹어도 전자가 부족하면 스파크가 일어나지 않는다고 했다. 그 결과 영양이 흡수 되지 않기 때문에 기력이 빠지고 힘이 없고 늘어지게 된다고 했다. 통증이 일어나는 원인도 모든 세포가 파괴돼서 일어나는 현상이었다. 몸을 살리기 위해서 전자(음이온)를 많이 넣어 줘야 하고, 산소를 많이 마셔야 한다. 비타민C를 많이 먹어야 하고, 소금물도 먹어야 한다. 건강한 사람도 적정량의 염도를 유지해야 하는데 항암 치료를 한 암 환자들은 저염식을 하느라 몸안에 염분이 부족하기 때문에 더욱더 적정량의 염도를 유지해줘야 한다는 박사님의 설명에 신뢰가 갔다.

소금물을 꾸준히 먹었더니 한결 몸에 힘도 생기고 좋아졌다. 그리고 내가 먹어야 할 건강 기능 식품과 용량도 알려주었다. 나의 상태를 점검해 주고 끊임없이 나에게 관심을 가져주었다. 나의 건강을 위해 진심어린 조언을 아끼지 않았다.

사랑의병원 오 원장님을 만난 것도 나에게는 복이다. 전신 통증으로 괴로운 시간을 보낼 때 숨길이 트이는 시간이 있었다. 사랑의병원 오 원장님과 상담할 때였다.

대부분의 의사 선생님들이 환자의 말을 듣지 않고 자기 말만 한다. 1~2분만에 진료를 끝내 버린다. 하지만 오 원장님은 내 이야기를 다 들어주었다. 통증 때문에 괴로워하는 내 아픔에 진심으로 공감해 주었다. 공감을 해주는 것만으로도 상대방을 살릴 수 있다.

통증의 원인을 해결하기 위해서 많은 에너지를 쏟아주었다. 마치 어려운 수학 문제를 푸는 것처럼 고민 하면서 수개월을 나에게 관심을 가져 주었다.

오 원장님의 도움으로 통증으로부터 한결 자유로워졌다. 힘이 없어서 잠을 못 자던 것도 해결 되었다.

페이스 북을 통해 윤 목사님을 만난 것은 정말 큰 행운이다. 그토록 열심히 일을 하고 활동적이고 유쾌하게 살던 나에게 생각지 못했던 암과 전신 통증이 찾아오자 마음의 병도 따라왔다. 전신 무력감이 생겼다. 아무것도 하기 싫었다. 의욕이 없고 몸이 천근만근 무겁게 느껴졌다. 잠도 오지 않았다. 우울증이 찾아온 것이다. 무언가 집중할 것이 필요했다. 비상구가 필요했다. 이렇게 계속 있으면 우울증이 더 심해 질것 같았다.

사진 촬영에 조예가 깊은 윤 목사님께 사진을 배우고 싶다는 메시지를 보냈다. 통증 때문에 운전하는 것이 어려웠다. 아들이 운전하는 차를 타고 목사님의 사진 강좌를 들으러 갔다. 속성으로 하루 동안 사진 촬영법을 배웠다. 그리고 열심히 사진을 찍으러 다녔다. 사람들은 내가 건강해서, 마음에 여유가 생겨서 사진을 찍으러 다니는 걸로 알고 있었다. 그러나 살기 위해서 사진을 배웠고, 낫기 위해 카메라를 들고 다녔다. 마음을 치료하기 위해서 사진을 찍으러 다녔다. 그 결과 우울증이 없어졌다. 통증 치료에도 많은 도움이 되었다. 참으로 감사한 일이다.

뜻밖의 만남은 하나님이 내게 주신 기이한 은혜요 축복이다. 세 분의 만남을 통해서 내 몸의 지도를 보는 법을 배웠다. 내면의 울고 있는 나를 달래는 것을 알게 되었다. 아픔을 부끄러워하지 않고 자랑하게 되었다. 작은 신음소리도 외면하지 않고 듣고 계시는 하나님을 체험하게 되었다. 그래서 빨간 머리 앤은 그렇게 말했나 보다.

　"세상은 생각대로 되지 않는다고 엘리자가 말했어요. 하지만 생각대로 되지 않으니까 더 멋있는 것 같아요. 생각지도 못했던 일이 일어난다는 거니까요."

18. 광야는 축복이다.

오프라 윈프리가 소통전문가로 알려지게 된 것은 상대방의 아픔을 진심으로 공감해 주는 탁월한 공감 능력 때문이었다. 소통은 공감으로부터 시작된다. 공감대가 형성되어야 소통이 되고 관계를 발전시킬 수 있다. 내가 책을 써야겠다고 용기를 낸 동기도, 아픈 사람들에게 같은 편이 많다는 것을 알려 주기 위함이다. 용기를 내고 희망을 가지라고 응원하고 싶었다. 고지를 향해 함께 걸어가자고 말해 주고 싶었다.

아픈 시간들을 겪으면서 아픈 사람을 진심으로 공감해 줄 수 있는 공감 능력을 갖게 되었다. 나 역시 암에 걸리기 전에는 암 환자들의 고충을 이해할 수 없었다. 힘들겠다며 힘내라고 위로를 해준 것 외에 내가 해줄 수 있는 것이 없었다. 내가 겪어보지 않았기 때문에 공감해 줄 수 없었다. 항암 치료가 힘들다는 걸 말로 배웠고 책으로 배웠다. 이론으로만 알고 있었으니 마음에 와 닿는 위로를 해줄 수가 없었다. 하지만 내가 암에 걸려 항암 치료를 하고, 수술을 하고, 또 전신 통증을 겪고 난 후에는, 다른 암 환자의 일이 내 일처럼 느껴진다. 상대방의 아픔이 내 아픔처럼 느껴지게 되었다. 그것은 내가 죽을 만큼 힘든 항암 치료 과정을 겪어 봤기 때문이다.

커리어 우먼으로 비즈니스를 할 때는 외적인 매력 자산이 비즈니스에 미치는 영향이 매우 컸다. 강의를 위한 콘텐츠를 만드느라 시간을 많이 투자했고, 외적인 태도를 만드는데도 시간을 많이 할애했다. 그것이 나의 경쟁력이었기 때문이다.

하나님을 믿는다고 했지만 진심으로 믿는 것이 아니었다. 하나님과 동행한다고 했지만 하나님과 함께 걷지 않았다. 나는 나의 길을 걸으면서 하나님의 길을 걷고 있다고 착각하고 있었다. 하나님을 사랑한다고 말했지만 내면 깊은 곳에서는 하나님보다 물질을 더 사랑하고 있었다. 겉은 하얗게 페인트칠을 했지만 속은 썩은 냄새 나는 바리새인 중에 바리새인이었음을 발견하고 나는 절망했다.

나의 영적 현주소를 발견하게 되었다. 전신 통증이 내 삶을 피폐하게 만들었을 때 나의 믿음은 밑바닥을 드러내고 말았다. 이런 내 모습을 용납할 수 없었다. 너무 부끄러웠고 몸의 통증보다 더 괴로운 고통을 느꼈다. 영적으로 소망이 보이지 않았다.

어느 날 나보다 더 아파하시는 하나님의 마음을 보게 되었다. 나를 낮추고 훈련시키는 하나님을 보았다. 나는 힘을 빼고 하나님께 나를 맡겼다. 그리고 얼기설기 삐뚤어지고 구멍난 신앙의 조각들을 제대로 맞춰가기 시작했다. 난 영적인 태도를 바꾸었다.

암과 전신 통증이 나를 삼키려 했지만 그것을 통해서 겸손과 감사를 깊이 있게 배웠다. 또한 내 온 마음과 온 체중을 실어서 하나님을 찬양하는 믿음을 회복하게 되었다. 지금은 영적인 태도를 만드는데 더 집중하고 있으니 생각지 못한 선물을 받은 것이다.

나는 모든 것을 잃고 광야에 내 몰렸다고 생각했다. 왜 나를 이 깊은 어두움에 홀로 두시는지 원망했다. 하지만 하나님은 나를 향한 기이한 계획을 가지고 계셨다. 질병을 통해서 내가 잃은 것보다 얻은 것이 훨씬 많다는 걸 비로소 깨달았다. 하나님이 날 버리지 않고 꽉 붙들고 계신다는 것을 확신하게 되었다. 감사의 눈물이 뜨겁게 흘러내렸다. 그러므로 광야는 축복이다. 난 지금 축복의 땅에 있다.

19. 내 인생은 오늘보다 내일이 더 아름다울 것이다.

TV예능 프로그램 '뭉쳐야 찬다'를 보면서 카타르시스를 많이 느낀다. 우리나라 스포츠계의 신들이 모여서 조기 축구를 하는 프로그램이다. 프로그램 초반에는 축구를 못하는 정도가 아니라 개발새발에 포복졸도를 하면서 보았다. 저 사람들이 스포츠계의 신들이 맞나 싶을 정도였다. 하지만 지금은 웬만한 아마추어 축구팀을 능가하는 실력을 갖추게 되었다.

야구의 신도 축구장에 세워 놓자 아무것도 몰랐다. 농구의 신도 축구를 시키자 형편없었다. 그런 것이다. 모두 자기 분야에서는 최고의 신들이지만, 자기 분야가 아닌 다른 것에는 실력이 없었다.

나는 나 자신을 남과 비교하지 않으려고 한다. 남의 삶을 욕심내지 않으려고 노력한다. 나는 나에게 주어진 삶이 있다고 믿는다. 나에게 주어진 이 훈련 과정에 집중하려고 애쓴다.

청소를 하면서 쭈그리고 앉아서 걸레질을 했다. 주부들은 하루에도 몇 번씩 방바닥을 닦고, 주방 바닥을 닦는 것이 일상이다. 그까짓 게 뭐가 대수로운 일이냐고 말할 수도 있다. 하지만 나에게는 기적이다.

암수술 후에 생긴 전신 통증으로 몸을 수그리는 것도 힘들었다. 쭈그리고 앉으면 나무토막처럼 뻣뻣한 관절이 무너지는 것처럼 아팠다. 칼로 갈기갈기 찢는 것처럼 다리 근육이 아팠기 때문에 앉아서 걸레질을 하는 것은 상상도 할 수 없었다. 깔끔한 성격인 난 집에 먼지가 쌓여있거나 물건이 지저분하게 널브러져 있는 것을 보지 못하는 성격이다. 그런데 몸이 아프다 보니까 만사가 귀찮았다. 움직이고 싶지 않았다. 의욕이 생기지 않아 대충 살게 되었다.

그런데 1년 만에 방바닥에 쭈그리고 앉아서 오리걸음으로 걸레질을 한 것이다. 너무너무 기쁘고 흥분이 되었다. 난 감사노트에 또박또박 썼다.

"하나님, 걸레질을 하게 해 주셔서 감사합니다."

그토록 괴롭히던 통증이 물 빠지듯 쑥쑥 빠져나가는 것을 느끼고 체험하면서 '일상이 기적'이라는 말을 온 몸으로 이해하고 있다. 날마다 기적을 체험하고 있다. 하루하루 그 기적을 써내려가고 있다.

수술 후 처음엔 10분 걷는 것도 아파서 힘들었다. 점차 시간을 늘려가기 시작했다. 10분이 12분이 되고, 15분이 되고, 20분이 되었다. 공원 반 바퀴가 한 바퀴가 되고, 한 바퀴 반이 되더니 두 바퀴가 되었고, 지금은 세 바퀴를

돌 수 있게 되었다. 공원 세 바퀴 거리는 6km이다. 6km를 걸으면서 중간에 한 번 쉬고 걷는다. 정확히 1년 8개월 만에 이런 폭풍 치료가 일어났고, 폭풍 성장이 일어났다. 그러나 여전히 통증은 남아 있다. 아프기 이전의 상태가 되려면 아직 멀었다. 하지만 수술 후 초반의 몸 상태와 비교하면 눈부신 치료가 일어난 것이다.

내 인생 영화로 꼽는 영화 〈인생은 아름다워〉에서 주인공 귀도의 가족은 제2차 세계 대전 때 수용소로 끌려간다. 비극적인 상황에서도 웃음을 잃지 않고 가족들을 지키려 했던 귀도는 불안에 떠는 아들 조수아에게 이렇게 말한다.

"아들아 아무리 처한 현실이 힘들어도 인생은 아름다운 것이란다."

인생 최악의 상황에 처한 주인공의 입에서 저런 말이 나오다니 난 그 장면을 보면서 눈물이 터졌었다.

어떤 상황에 처해 있다 해도 인생은 아름다운 것이다. 비록 두 번이나 암에 걸렸지만 내 인생은 아름답다. 통증으로 괴로운 시간을 보내고 있지만 그래도 내 인생은 아름답다. 하나님이 나와 함께 하시고 내 삶의 주인이 되시기 때문이다. 하나님은 내 고통을 공감해 주시고, 내가 울 때 함께 울어주신다. 내 삶의 시작과 끝에 그 분이 계시기에 내 인생은 오늘보다 내일 더 아름다울 것이다.

3부

리모델링
Remodeling

1. 영양치료-반석을 만드는 기초공사

1) 내가 먹는 것이 나를 만든다. (You are what you eat!)

건강에 관심이 있는 사람뿐만 아니라 섭생이 우리 몸에 미치는 영향에 대해서 관심을 가지고 연구하는 사람들이 늘고 있다. 잠잘 시간도 없이 바삐 사는 현대인들에게 삼시 세끼를 챙겨먹는다는 것은 언감생심 꿈도 못 꿀 일이다. 고칼로리의 패스트푸드로 대충 때우기 일쑤이다. 저녁엔 회식과 술자리로 기름진 음식을 섭취한다. 주말엔 이탈리안 레스토랑에서 피자와 파스타 스테이크로 식사를 한다. 커피와 탄산음료를 달고 산다. 서구화된 식습관과 패스트푸드는 영양의 밸런스를 무너뜨리고 각종 성인병과 암을 유발한다.

나 역시 교회 사역과 비즈니스와 강의로 바쁘고 늘 시간에 쫓기며 살았다. 삼시 세끼를 챙겨먹지 못하고 패스트푸드와 외식으로 끼니를 때우며 살았다. 그러니 배는 부르지만 영양의 균형이 무너지고 안 좋은 음식이 계속 몸에 들어와 독소가 쌓이게 되었다. 업무 과다로 스트레스가 쌓이다 보니 결국 암에 걸리게 된 것이다.

이제 무엇을 먹느냐가 나의 숙제가 되었다. 지금 내가 집어서 먹는 것이 내 몸을 만들어 내기 때문이다. 이젠 내 입에 아무것이나 넣을 수 없다. 왜냐하면 죽을 만큼 힘든 항암 치료를 해보았기 때문이다.

여덟 번의 항암 치료를 통해서 심각한 부작용을 경험하고 있는 나로서는, 심각한 손상을 받은 세포를 회복시키기 위해서 내가 먹어야 할 음식에 대해서 공부를 많이 했다. 일단 먹어서 영양분을 섭취하고, 그 섭취한 영양분이 소화 흡수가 잘 되어야 한다. 그 다음 몸의 각 부분으로 영양분이 공급 되어 세포가 회복 되고, 몸의 기능들이 정상으로 돌아오기 때문이다.

2) 식습관 바꾸기

암 환우들 커뮤니티에 많이 올라오는 질문이 있다.
'어떤 음식을 먹고 있어요?'
표준 치료를 끝낸 동료들끼리 만나도 서로 무엇을 먹고 있는지가 가장 궁금하다. 내가 먹고 있는 것이 잘 먹고 있나, 내가 잘 못 먹고 있는 것은 아닌가 하는 의문이 들기 때문에 나오는 질문이다.
'이 음식을 먹어도 돼요?'

왜 이렇게 음식에 대해서 궁금한 것이 많은 걸까? 불안하기 때문이다. 재발에 대한 불안이다. 내가 음식을 잘못 먹어서 재발하면 어쩌지, 혹시 전이가 되면 어쩌지 하는 불안감 때문에 남들은 뭘 먹고 있는지 정보를 얻기 원하는 것이다. 각자가 공부한 것이 다르기 때문에 먹는 것에 대한 의견도 분분하다.

어떤 사람은 생식이 최고라고 한다. 각종 채소, 녹즙, 뿌리채소인 당근, 콜라비 등도 모두 생으로 먹어야 한다고 주장한다.

어떤 사람은 육류, 계란, 우유, 유제품 등 동물성 단백질은 암을 유발하고 재발시키기 때문에 절대로 먹으면 안 된다고 주장한다.

어떤 사람은 암 환자는 면역력이 약하기 때문에 생선회나 날고기 같은 것을 먹으면 안 된다고 말한다. 야채도 생으로 먹으면 안 된다고 한다. 모두 삶고 쪄서 익혀 먹어야 한다고 말하는 사람이 있다.

어떤 사람은 '저탄고지' 해야 한다며 밥이나 밀가루 등 탄수화물을 최소한으로 먹고 단백질 위주로 먹어야 한다고 말한다.

어떤 사람은 고기는 절대로 먹으면 안 되고 채식으로만 먹어야 한다고 말한다.

어떤 사람은 현미가 답이라고 말하며 현미만 먹어야 한다고 한다.

자기가 주장하는 것만 옳고 다른 사람이 주장하는 것은 잘못되었다고 비난하는 사람도 있다. 가족들과 지인들은 항암 치료, 수술, 방사선 치료를 받느라 고생했으니까 이제부터는 몸에 좋은 것만 많이 먹으라고 한다. 그런데 좋은 것의 기준이 애매모호하다.

먹는 방법이 수도 없이 많고 좋다는 음식이 수도 없이 많다. 생식을 먹어서 효과를 본 사람이 있는가 하면, 건강을 해친 사람도 있다. 현미식을 먹어서 건강이 좋아진 사람이 있는가 하면, 위를 해치는 사람도 있다. 채식이 좋다고 해서 육류를 끊고 채식으로 바꿨더니 몸이 가볍고, 피부가 맑아지고 건강해 졌다는 사람도 있다. 그런가하면 건강을 망친 사람도 있다. 그러니 모든 것이 모든 사람에게 다 맞고 좋은 것이 아니라는 것을 알아야 한다. 사람마다 체질이 다 다르기 때문이다.

특히 암 환자들은 생명이 걸려 있는 문제이고 죽음의 문턱까지 갔다 온 사람들이다. 죽음이라는 단어가 코끝에 와서 앉아 있기 때문에 먹는 것이 중요하고 또 중요하다. 그러니 가장 궁금해 하는 것이 음식이다. 그런데 먹는 것에 대해서 속시원하게 설명해 줄 수 있는 사람이 있을까? '당신은 이 음식을 먹어라' 라고 명확하게 알려 줄 수 있는 사람이 있을까? 없다. 다시 말하지만 사람마다 체질이 똑같지 않기 때문이다. 그리고 그렇게 먹으면 좋다고 해서 식습관을 바꿔서 재발과 전이가 안 되고, 건강하게 오래오래 산 사람도 있지만, 좋다는 음식을 다 먹고, 식습관을 100% 바꿨음에도 불구하고 재발하고 전이되는 환우들도 많기 때문이다.

그러면 도대체 어쩌란 말인가?

가장 중요한 것은 몸에 좋은 음식을 찾기보다, 몸에 안 좋은 것을 안 먹는 것이 제일 먼저 바꿔야 할 식습관이라고 생각한다. 의사들이 절대 먹지 않는다는 음식들이 있는데 암 환우들은 일단 이 음식들부터 멀리하고 끊는 것이 먼저다.

1. 가공된 육류 - 베이컨, 햄, 소시지 등의 가공육은 지방이 다량 함유되어 있고, 콜레스테롤도 들어있을 뿐만 아니라 보관 기간을 늘리기 위해 방부제가 다량 들어 있다.

2. 탄산음료 - 탄산음료는 간에 안 좋은 과당 덩어리이다. 과당은 설탕보다 흡수가 빨라 혈당을 올려 고혈압을 유발하고, 인산염은 칼슘을 배출시켜서 골다공증을 유발한다.

3. 팝콘 - 100g당 11g의 트랜스 지방이 함유되어 있고 첨가물인 디아세틸은 폐 건강을 악화시키는 물질로 알려져 있다.

4. 인공색소가 참가된 식품인 젓갈류 - 붉은 빛깔이 나게 하는 아질산나트륨은 1급 발암물질이다.

5. 밀가루 음식 - 수입 밀가루는 백해무익한 몸에 가장 해로운 음식이다. 밀가루의 쫄깃한 식감을 더해 주는 글루텐은 유전 질환을 유발한다고 알려져 있다.

6. 아이스크림 - 영양학 박사인 마이클 하트는 아이스크림을 인간에게 최

악의 음식으로 꼽았는데, 아이스크림에는 많은 양의 설탕과 첨가제가 함유되어 있어 몸에 좋지 않다.

7. 통조림 - 통조림의 캔 재질에는 보통 주석과 스테인리스, 그리고 알루미늄 등이 사용된다. 식품을 넣었을 때 캔의 내부가 녹스는 것을 방지하기 위하여 절연성과 접착성이 좋은 에폭시수지 코팅을 한다. 에폭시수지는 비스페놀 A가 원료물질로 사용되는데, 통조림 캔에서 환경호르몬인 비스페놀 A가 아주 작은 양이라도 나올 수 있기 때문에 좋지 않다. 만약 통조림을 먹을 때는 건더기만 건져서 깨끗하게 씻은 다음 요리를 해먹는 게 좋다.

8. 화이트 초콜릿 - 팜유와 설탕 덩어리이다. 다크 초콜릿의 경우 당지수가 낮아 다이어트에 도움이 되는 등 장점을 가지고 있지만 화이트 초콜릿은 당분이 높고 카카오 함량이 낮기 때문에 설탕 덩어리와 같다.

9. 마가린 - 마가린은 트랜스 지방을 많이 만들기 때문에 의사들은 마가린 대신 버터를 먹는 것이 몸에 덜 해롭다고 이야기 한다.

암 환우들은 식습관을 바꾸는 것이 굉장히 중요하다. 먹던 습관을 바꾸는 것이 쉽지는 않지만 결단하고 바꿔야 한다. 식습관을 바꾸지 않고 예전처럼 그대로 먹는다면 재발할 위험이 그만큼 높아지기 때문이다. 난 위의 음식들을 거의 안 먹는다. 김밥을 먹을 때도 햄, 소시지, 맛살을 빼고 먹는다. 예전엔 영화관에 가면 반드시 팝콘과 콜라를 먹었는데 지금은 절대로 먹지 않는다.

그렇게 좋아하던 밀가루를 끊었다. '죽을 만큼 힘든 항암치료도 했는데 그 깟 밀가루를 못 끊겠나?' 하고 끊었다. 그렇다고 완전히 입에 안 대는 건 아 니다. 가끔 케이크 한입 정도는 먹는다. 맛만 보는 정도다. 단 것이 입안에 퍼 지는 순간 스트레스가 확 날아가고 기분이 좋아진다. 자신이 좋아하던 음식 을 먹고 싶어서 정말 못 참겠다면 한 번 정도는 먹어도 된다고 생각한다. 어 떤 생각과 마음으로 먹느냐가 중요하다. 기분 좋게 즐거운 마음으로 먹는다 면 나쁘지 않다고 본다. 먹으면서 죄책감을 가지고 불안해 하면서 먹을 바에 는 차라리 안 먹는 게 낫다.

내가 이렇게 노력하는 이유는 재발이다. 재발은 절대로 안 된다. 재발은 최 악의 경우가 되기 때문에 다시는 내 몸에 암이 자라지 못하도록 환경을 바 꿔야 한다. 그러기 위해서 식습관을 바꾸는 것이다.

3) 체질 바꾸기

항암 치료하기 이전의 체질로 다시 돌아가면 암이 재발할 확률이 높다고 한다. 그래서 체질을 바꾸기 위해 이전에 내가 좋아하고 즐겨 먹었던 음식들 을 모두 포기했다.

밀가루를 대표하는 음식이 빵이다. 난 빵순이다. 내 책상에는 항상 빵이 있 었다. 수시로 빵을 먹었다. 밥을 먹은 후에도 후식으로 빵을 먹을 정도로 빵 마니아였다. 수제비, 칼국수, 부침개 등 밀가루로 만드는 음식은 무조건 좋아 했다. '밀가루를 어떻게 끊을 수 있냐? 밀가루는 진리다.' 라고 외치면서 마치 밀가루교 교주처럼 밀가루를 찬양하며 경배할 정도로 밀가루를 좋아했다.

튀김을 무척 좋아했다. 횟집에서 회식을 자주 했다. 나는 회 맛을 모른다. 동료들이 회를 맛있게 먹을 때 튀김을 리필해서 먹었다. 바삭바삭하게 갓 튀겨 나온 튀김은 정말이지 예술이다. 동료들은 내가 회를 안 먹으니 자기들이 내 몫까지 많이 먹을 수 있어 좋아했다. 나는 그들에게 회를 양보하고 바삭바삭한 튀김을 양껏 먹었다. 그 결과 암을 얻었다.

가족들과 외식을 할 때도 한식은 절대로 안 먹는다. 무조건 분위기 좋은 이탈리안 레스토랑에서 피자와 파스타와 스테이크를 먹는다.

밀가루를 좋아하는 사람이었고 튀김을 무척 좋아하는 사람이다. 그러나 이제 밀가루와 튀김을 완전히 끊었다. 다시는 죽기보다 싫은 항암 치료를 하고 싶지 않기 때문이다. 내 세포들에게 다시는 지옥을 경험하게 하고 싶지 않다. 탄산음료도 안 먹고 흰쌀밥도 안 먹는다. 탄산음료는 설탕으로 만들어진 설탕 덩어리다. 암세포는 단 것을 탐닉한다. 그래서 설탕과 포도당은 암 환자들에게 최악이다. 과일도 당분이 많은 것은 먹지 말라고 한다. 밥도 흰쌀밥은 안 먹는다. 포도당이 많기 때문이다. 현미와 귀리와 곡물과 약콩을 섞어서 현미잡곡밥을 먹는다.

삼시 세 끼 밥을 챙겨 먹는데 균형 잡힌 식사를 하기 위해 무척 노력한다. 아프기 전에는 바쁘게 살다보니 아침을 안 먹었다. 점심과 저녁은 밖에서 해결하고 집에서는 거의 밥을 해 먹지 않았다. 그러다 보니 시골에서 친정어머니가 보내 주신 쌀에 벌레가 생겨서 버리는 경우도 있었다. 하지만 지금은 삼시 세끼를 꼬박꼬박 챙겨 먹는다.

일반 농산물은 농약을 많이 사용한다고 한다. 그래서 가능하면 친환경 농산물을 이용한다.

내가 식단에서 가장 중요하게 생각하는 것은 단백질 섭취이다. 항암 치료와 수술로 손상된 세포를 회복시키기 위해서는 단백질이 필수적으로 필요하기 때문이다. 단백질 섭취를 위해서 굴비와 고등어 등 생선과 계란과 두부를 매일 먹는다. 전복도 자주 먹었고 새우살을 계란찜에 넣어서 자주 해 먹는다. 단백질이 가장 많은 육류를 먹어야 하는데, 붉은 고기류는 가급적 피하려고 하지만 완전히 금하기는 어려운 것 같아서 가끔 조금씩 먹고 대신 오리고기를 자주 먹는다.

아침 식사로는 토마토 에그 스크램블과 신선한 과일에 채소샐러드 그리고 생식을 먹는다. 계란은 하루에 두 알씩 꼭 챙겨 먹는다. 계란도 동물복지협회에서 자연친화적으로 방목해서 기른 닭이 낳은 유정란을 먹는다.

-계란 고르는 법-

계란을 고를 때는 반드시 사육환경번호를 확인하고 골라야한다. 계란 껍질에 표기 숫자는 산란일자(4자리), 생산자 고유번호(5자리), 사육환경번호(1자리)로 총 10자리인데 우리 암 환우들에게는 사육환경번호가 중요하다. 1(방사), 2(평사), 3(개선 케이지), 4(기존 케이지) 이렇게 사육환경번호를 보면 내가 먹는 계란이 어떤 환경에서 생산되었는지를 알 수 있다. 1은 자유롭게 방사해서 키우고, 2는 울타리 내 평지에서 풀어놓아 키우고, 3,4는 케이지에 가둬서 키우는 닭이 낳은 알이다.

계란은 약 74%의 수분과 주요한 미네랄과 비타민뿐만이 아니라 필수 아미노산 및 필수지방산의 중요한 공급원이다. 계란 한 알에는 성인 일일 섭취 권장량의 에너지(3~4%)와 총 지방 11%, 포화 및 불포화 지방의 비율이 1:2 정도, 단백질 12%, 높은 함량의 비타민 B군과 지용성 비타민 A, D, E와 주요 미네랄로 구성되어 있기 때문에 반드시 하루에 두 알씩 먹어야 한다.

무더위에는 입맛도 없고 집에서 음식을 조리하는 것도 엄두가 안 난다. 그럴 때는 믿을 수 있는 건강한 반찬가게에서 입에 맞는 반찬을 사다가 식사를 하기도 한다. 물론 화학조미료(MSG)는 절대 사용하지 않는다. 나물이나 반찬에 소금이나 다시마간장으로 간을 하고 찌개나 국을 끓일 때는 다시팩을 넣고 끓인 후 소금으로 간을 해서 먹는다. 예전에는 군것질도 많이 하고, 과자를 무척 좋아했다. 과자를 먹고 싶을 때는 이것저것 다섯 봉지씩 사가지고 와서 TV를 보면서 그 자리에서 다 해치우기도 했었다. 하지만 지금은 과자를 먹지 않고, 간식으로 고구마와 감자, 과일을 먹는다.

-따뜻한 물-

우리 체질은 산성화가 되어 있다. 서구화된 식습관으로 이미 우리 몸은 산성화가 되어 있기 때문에 각종 성인병과 암에 걸리게 되는 것이다. 체질을 알칼리체질로 바꿔야 한다. 그러기 위해서는 물이 가장 중요하다. 난 알칼리수를 하루에 2리터 정도 마신다. 차가운 물은 절대로 안 마신다. 암세포는 찬 성질을 좋아하기 때문이다. 우리집은 내가 아프고 난 후 물을 절대로 냉장고에 넣지 않고 실온에 놓고 마신다. 음식점에 가면 사계절 얼음물을 내놓는데 난 음식점에서도 따뜻한 물을 마신다.

4) 건강 기능 식품으로 부족한 영양분 채우기

이렇게 신선하고 좋은 친환경 식재료로 삼시 세끼 음식을 챙겨 먹는다고 해도 음식으로는 내 몸에 필요한 영양분을 충분히 흡수할 수가 없다. 눈에 보기에는 알록달록 신선하고 영양분이 살아 있는 것처럼 보이지만 전혀 그렇지 않다. 이미 환경오염이 심각하기 때문에 토양이 오염되어 영양소가 살아 있지 않다. 30년 전에는 사과 2알, 귤 3알을 먹으면 하루에 필요한 비타민 C를 흡수할 수 있었지만, 지금은 사과 한 상자, 귤 한 상자를 먹어야 하루에 필요한 영양분을 흡수할 수 있는 시대이다. 그러니 그렇게 많은 양을 어떻게 먹을 수 있단 말인가? 과일만 먹다가 배가 터질 수도 있다.

그러니 음식만으로는 절대로 내 몸에 필요한 영양분을 충분히 섭취할 수가 없다. 그렇다면 어떻게 해야 할까? 좋은 음식을 골고루 섭취하되 건강 기능 식품으로 부족한 영양분을 보충해야 한다. 화학항암치료를 한 암 환우들은 항암제로 인해 이미 골수, 뇌, 세포, 장기, 뼈, 관절, 근육, 피부 등에 심각한 손상을 입은 상태이다. 손상된 세포가 정상으로 회복되는데 걸리는 기간이 2~3년 이라고 한다. 그렇다면 암 환자는 건강한 상태가 아니기 때문에 빨리 회복될 수 있는 환경을 만들어 줄수록 회복 시간을 단축시킬 수 있다.

암 환우들의 커뮤니티나 지인들끼리 정보를 공유하다 보면 음식 다음으로 많이들 궁금해 하는 것이 건강 기능 식품이다. 사람마다 각자 먹는 것이 천차만별이다. 자신의 몸 상태와 경제력과 환경을 고려해서 먹는 것이 바람직하다고 본다. 굳이 비싼 걸 먹을 필요도 없다. 비싸다고 다 좋은 건 아니기 때문이다. 싸고 좋은 것도 많이 있으니까 잘 알아보고 꼼꼼히 따져보고 선택해서 먹으면 된다. 또 남이 먹으니까 나도 먹어야 하는 것은 아니다. 사람마다 체질이 다르기 때문에 남이 먹는 것이 나에게는 안 맞을 수 있고, 내가 먹는 것이 남에게 안 맞을 수도 있다. 처음부터 덥석 많이 구매하지 말고 일단 체험분만 구매해서 먹어보고 나에게 맞으면 꾸준히 구매해서 먹을 것을 추천한다.

암 환우들의 불안한 심리를 이용해서 장사하려는 사람들도 많다. 이걸 먹으면 암이 낫는다, 저걸 먹으면 암이 낫는다, 내 지인이 이걸 먹고 완치되었다, 주변에서 이것저것 먹어보라고 권유하는 것도 너무 많고 심지어 제품을 가지고 와서 먹어보라고 권하는 지인들도 있다. 그런 말에 현혹되지 말라. 무엇을 먹든 내 마음과 생각이 중요하다. 밀가루를 먹어도 이걸 먹으면 나을 것이라는 긍정적인 생각과 믿음을 가지고 먹으면 플라세보 효과를 보게 된다. 하지만 아무리 비싸고 좋다는 것을 먹으면서도 이걸 먹는다고 완치 될까 하는 부정적인 생각을 하고 먹으면 노시보 효과를 보게 될 것이다. 중요한 건 무얼 먹든지 내 마음과 생각이다.

5) 내가 영양치료를 위해 먹고 있는 건강 기능 식품

1. 생식과 단백질

아침 식사 때 생식과 단백질을 쉐이크 해서 먹는다. 단백질은 세포결합 형성에 대단히 중요하기 때문에 반드시 챙겨 먹고 있다. 또한 내가 음식을 챙겨 먹는다 해도 필요한 영양소를 구비해서 먹을 수는 없다. 생식은 67가지 필요한 영양소가 파괴되지 않고 그대로 살아 있으며 체질을 바꿔주기 때문에 꼭 챙겨 먹고 있다.

2. 멀티비타민

우리 몸 안에는 염증이라고 하는 쓰레기가 있다. 이 염증을 빨리 없애지 않으면 심각한 질병을 발생시킨다. 염증이 혈관을 타고 돌아다니다가 신경을 공격하면 치매와 뇌질환이 발생한다. 관절을 공격하면 류마티스와 관절염이 생긴다. 장기를 공격하면 암이 발생하게 된다. 염증을 제거하기 위해서 강력한 항산화 작용을 하는 파이토케미컬(phytochemical)이 풍부한 과일과 채소를 많이 먹어야 한다. 위에서도 언급했듯이 환경오염으로 인해 과일과 채소에 영양분이 충분하지 않다. 그래서 파이토케미컬이 풍부한 종합 비타민을 선택해서 필요한 영양분을 채워주어야 한다.

3. 비타민 C

비타민 C는 암 환우들에게는 반드시 필요한 영양소이다. 영양을 공급해 줄 뿐 아니라 산소를 공급해 주는 역할도 하기 때문이다. 비타민 C는 소화에도 도움이 되고 염증도 없애고 감기도 잘 안 걸리고, 통증에도 도움을 준다는 보고가 있다. 나는 하루에 15,000mg을 먹고 있다. 비타민C는 원료가 다 똑같고 가격도 비슷하기 때문에 어떤 것을 먹어도 상관없다고 한다.

4. 비타민 B

비타민 B는 탄수화물 단백질 지방의 대사에 관여해서 몸에 피로물질이 축적되는 것을 막고 에너지를 생성하는 역할을 한다. 이외에도 신경세포에 작용해서 행복 호르몬인 '세로토닌' 생성에 긍정적인 영향을 미친다. 피로 회복은 물론 스트레스 관리에도 도움을 주는 성분이다. 나는 전신통증으로 뇌가 스트레스를 받고 몸에 피로도가 굉장히 심각했기 때문에 비타민 B를 먹기 시작했다.

5. 오메가 3

우리 몸에 꼭 필요한 불포화 지방산으로 체내에서 충분히 합성되지 않기 때문에 음식물로 섭취를 하는 게 중요하다고 알려져 있다.

6. 유산균

장내에 유익한 균을 넣어 줌으로써 장이 건강하고 배변 활동도 원활하게 되고, 소화에도 도움이 될 수 있기 때문에 유산균을 먹어야 한다.

7. 칼슘

갱년기 여성들은 골다공증으로 몹시 고생하기 때문에 뼈 건강을 위해 칼슘을 미리 챙겨야 한다. 특히나 항암치료를 한 여성 암 환우들은 강제 폐경이 되기 때문에, 갱년기 폭풍이 올 수도 있다. 또한 골다공증이 올 수도 있기 때문에 칼슘은 반드시 먹어야 한다.

8. 소화 효소

효소는 섭취한 음식을 소화시켜서 에너지로 만드는 과정에서 꼭 필요한 촉매 역할을 한다. 음식을 소화시키고 흡수하고 운반하며 대사 활동과 배설 활동에 이르기까지 전체적인 신체 사이클에서 우리 몸에 꼭 필요한 물질이라고 보면 된다.

영양치료를 위해 먹고 있는 건강 기능 식품을 간단하게 소개해 보았다. 면역 치료를 위해 먹고 있는 것은 다음 장 면역 치료에서 소개하려고 한다. 시중에 많은 영양제와 건강 기능 식품이 있는데 나에게 맞는 제품을 꼼꼼히 따져 보고 확인하고 지혜롭게 선택해서 먹는 것이 중요하다.

병원에서의 표준 치료가 끝난 후에는 병원에서 더 이상 해주는 것이 없다. 이제부터는 내가 관리하고 내가 치료해 가는 것이다. 반드시 영양, 면역, 운동, 마음, 네 가지 치료를 해야 한다. 영양 치료는 기본적으로 이뤄져야 한다. 기초공사와 같은 것이다. 기초가 튼튼해야 튼튼한 집을 지을 수 있다. 모래 위에 집을 지으면 금방 무너져 버린다. 튼튼한 바위 위에 집을 지어야 오래 갈 수 있다. 그러니 나의 몸을 튼튼한 반석이 되게 하기 위해서 영양 치료는 반드시 첫 번째가 되어야 한다.

2. 면역 치료- 튼튼한 집을 짓는 것

1) 내 몸을 지키는 컨트롤 타워

최근에는 암이 불치병이 아니라 치료와 관리가 필요한 만성 질환이라고 한다. 당뇨병과 고혈압을 평생 관리하면서 살아가듯이, 암도 평생 관리하면서 친구처럼 함께 가면 된다고 한다. 그러기 위해서는 면역력이 답이다.

면역력은 외부로부터 우리 몸에 침입하는 세균이나 바이러스에 대항하는 힘을 말하는데, 면역력이 떨어지면 우리 몸은 다양한 방법으로 신호를 보낸다. 내 몸에는 면역력 신호등이 있는데 '빨간불'이 켜지면 컨트롤 타워에 문제가 생긴다. 면역 세포들의 저항력이 약해져 있는 상태일 때 바이러스가 침투하면 질병에 걸리게 되고 심지어 암에 걸리게도 된다. 그러기 때문에 면역력은 대단히 중요하다.

통합의학의 선두 주자인 황성주 박사는 "암은 없다"라는 책에서 이렇게 말한다.

"암 치료의 숨겨진 열쇠는 면역력 증강입니다. 왜 하필 면역력일까요? 암이 발생했다는 것은 면역력이 정상 이하로 떨어져 있다는 것이기 때문입니다. 문제는 수술이나 방사선, 항암 화학 요법으로 치료를 한 뒤에 면역력이 더 떨어지고 심지어는 고갈된다는 점입니다. 역설적으로 오히려 암 치료 후에 암이 더 잘 자라고 더 잘 생길 수 있는 환경이 된다는 것입니다. 그래서 암을 치료할 때나 치료 후에 반드시 면역력을 높여서 '암이 생길 수 없는 강력한 시스템'을 만들어야 합니다."

난 10년 전에는 감기를 달고 살았다. 가족들이 1년에 한 번 정도 감기에 걸린다면 나는 1년에 네 번은 감기에 걸렸고 비염도 심했다. 아침에 일어나자마자 콧물이 주루룩 흘러 내려서 출근하기 전까지 티슈 한 통을 다 쓸 정도로 비염이 심했고 늘 코맹맹이 소리가 났다. 친정 엄마는 나와 통화를 할 때 내 목소리를 유심히 듣고 첫 마디가 '오늘은 목소리가 더 안 좋다. 오늘은 목소리가 괜찮다.' 라고 할 정도였고 늘 나의 비염 치료를 위해서 비염에 좋다는 건강식품을 사서 보내 주시곤 했다.

내가 가족들보다 감기에도 자주 걸리고 비염이 심한 것은 나의 면역력이 가족들보다 약하다는 증거이다. 선천적으로 면역력이 약한 체질이다. 그런데 항암 치료 후에 그렇게 심했던 비염이 없어져버렸다. 신기한 일이다. 항암 치료를 하고 나면 체질이 바뀌고 없었던 것이 생기고 있었던 것이 없어진다고 하더니, 비염은 없어졌는데 전신 통증이 생겼다. 코를 계속 풀어야 하는 불편함과 미관상 지저분해 보이긴 하지만 통증보다는 차라리 비염이 훨씬 나았다. 전신 통증은 참을 수 없는 고통이기 때문에 삶의 질을 밑바닥으로 추락시켜 버렸다.

어쨌든 면역력은 매우 중요하다. 암 환우들은 이미 여러 차례 혹은 수십 차례의 화학항암제 치료를 통해서 면역 프레임이 무너졌기 때문에 저항력이 매우 약한 상태이다. 거기에 대수술을 했고, 또 수십 차례의 방사선 치료까지 받았다. 그러니 나의 면역력은 바닥이라고 생각하면 된다. 선천적으로 면역력이 강하게 태어난 사람들은 그렇지 못한 사람들에 비해 회복속도가 빠르지만, 나처럼 선천적으로 면역력이 약하게 태어난 사람은 맥을 못 추고 힘들어한다. 표준 치료가 끝난 암 환우들은 최대한 빨리 떨어진 면역력을 끌어올리는데 집중해야 한다. 그리고 끌어올렸다면 그것을 다시 떨어지지 않도록 유지해야 한다.

2) 주사위는 나에게 던져졌다.

표준 치료 과정이 모두 끝나고 주사위는 나에게 던져졌다. 통증을 치료하는 것도, 체력을 회복하는 것도, 면역력을 끌어 올리는 것도, 영양을 관리하는 것도, 모든 것이 내 몫이고 나의 숙제다.

나는 다른 암 환우에 비해서 숙제가 더 컸다. 전신 통증이라는 어려운 숙제가 더 주어졌기 때문이다. 처음에는 왜 나에게 이런 상상도 할 수 없는 일이 벌어졌을까 이해가 안 되고 무엇이 문제인지 풀리지 않는 비밀이었다. 머릿속은 답답하고 마음은 찢어졌다.

내가 감당할 수 있고 내가 풀 수 있기 때문에, 이 숙제를 나에게 주었을 것이라고 긍정적으로 생각하고, 기도하면서 지혜를 구했다. 일단 잘 먹고 그리고 면역력을 끌어올리는데 집중해야겠다는 생각이 들었다. 항암 치료와 수술로 떨어진 면역력을 빨리 끌어올려줘야 삶의 질도 향상되고, 재발을 막을수 있고, 전이도 막을 수 있다는 생각이 들었다. 일차적으로 잘 먹는 것으로 영양을 보충해 주고, 영양 관리를 해 줌으로써 면역력이 올라오도록 하고, 두 번째로는 면역 치료를 통해 면역력을 끌어올리고 면역력을 유지하도록 해야겠다고 마음먹었다.

3) 통합 의학적 면역치료-고용량비타민C/셀레늄/글루타치온/자닥신/미슬토

항암 치료를 할 때부터 요양병원에 입원해 있으면서 통합 면역 치료를 받고 있었던 나는 암 환자의 면역 치료의 중요성을 잘 알고 있었다. 더 확실한 자료들을 찾아보았다.

통합 의학적 면역 치료는 암 치료 중에 모든 시점(수술, 항암, 방사선)에서 발생하는 신체증상을 최대한 완화하고 3차병원의 치료를 마친 후 발생 할 수 있는 전이나 재발의 억제를 목적으로 면역 치료를 기본으로 한다. 암 발생율과 생존율의 증가로 암은 이제 만성 질환으로 분류되고 있으며, 암 환자의 신체 기능 보존 및 삶의 질 향상을 위해 포괄적인 치료 필요성이 강조되고 있다. 윤성요양병원 홈페이지에서 퍼옴 면역력이 저하되어 생긴 암세포를, 면역력을 회복시키지 않고 수술, 방사선, 항암제 요법만을 사용하면 재발 확률이 높을 수 있다. 면역력을 회복시키는 것은 암의 근본적인 치료 방법으로, 면역 요법과 함께 수술, 방사선, 항암제 등의 현대 의학 치료를 병행 시 더욱 효과적이다. *사랑의 병원 홈페이지에서 퍼옴*

최근 고용량 비타민 C 주사 요법이 항암 치료의 고통을 줄일 수 있는 방안으로 급격히 떠오르고 있다고 한다. 연구 결과에 따르면 이 방식은 항암제의 부작용을 낮춰 주고 암세포에 작용하는 것을 도와, 항암치료 효과를 증가시켜 주고, 또한 실제 임상 환자들의 생존율이 높아지고, 통증이 줄어들어 삶의 질이 높아지는 성과를 보여주었으며, 고용량 비타민 C 단독 투여만으로도 암세포 성장의 억제를 도와준다는 보고들이 알려지고 있어 새로운 대안으로 나오고 있다. *네이버 블로그 강동 서울대효 요양병원 홈페이지에서 퍼옴*

내가 판교 사랑의병원에 찾아간 이유도 통합 의학 치료에 관심이 있었고 면역 치료와 전신 통증 치료에 도움을 받기 위해서이다. 삶의 질이 떨어져서 삶의 의미와 목적을 상실할 정도였고 우울증이 왔기 때문이다. 고용량 비타민 C 와 글루타티온 셀레늄이 몸의 활성 산소를 배출시켜서 통증을 경감시키고 치료해 주는데 효과적이라는 임상 결과와 보고서를 보고 찾아갔다. 글루타티온은 일명 백옥주사 또는 비욘세 주사로도 유명하다. 우리 몸을 지키는 수호신과도 같은 역할을 한다고 한다. 특히 암 환자의 면역력 강화에 꼭 필요한 성분이다. 체내 글루타티온 농도가 낮으면 질병과 죽음을 의미한다고 할 정도로 그 기능은 매우 중요하다. 항산화 해독 기능을 활발하게 도와주기 때문에 통합 면역 암 치료에 많이 쓰이고 있다.

일주일에 한 번씩 고용량 비타민 C 를 50g씩 정맥주사로 맞았다. 거기에 셀레늄과 글루타티온 그리고 주치의 선생님이 나의 컨디션을 체크한 후에 영양제를 섞어서 칵테일 주사로 맞았다. 1년 동안 치료를 받았는데 놀라울 정도로 많이 좋아졌다. 처음에는 한걸음 띄는 것도 힘들었다. 점차 통증이 경감되더니 1년 8개월이 지난 지금은 처음 있었던 통증에서 70%가 줄었다.

하지만 내가 가입한 보험회사 측에서 더 이상 면역 치료를 받는 것에 대한 치료비를 보상해 줄 수 없다는 통보를 보냈다. 1년 동안 아무 소리 안하고 보상해 주더니 아닌 밤중에 홍두깨도 유분수지 갑자기 보상해 줄 수 없다고 일방적으로 통보하면 환자는 어쩌란 말인가?

담당자에게 여러 차례 전화를 걸어서 사정을 해보았지만 비타민 C 는 피로 회복 목적으로 쓰이는 약제이지 암치료와는 연관이 없기 때문에 보상해 줄 수 없다는 말만 되풀이 하면서 회사의 지침이기 때문에 어쩔 수 없다고 말했다. 어쩔 수 없이 1년간 통합면역 치료를 받고 멈출 수밖에 없었다.

그나마 다행인 것은 자닥신과 미슬토는 보상해 줄 수 있다고 해서 일주일에 두 번씩 자닥신과 미슬토 주사로 면역 치료를 꾸준히 하고 있다. 자닥신은 임파구의 성숙을 촉진시키고 T-세포 기능을 강화시키며 면역 균형을 잡아 주는 면역 조절 물질이다. 미슬토는 암 재발을 예방하고 인체의 면역 반응을 정상화시켜 주는데 정상 세포는 손상이 없고 암세포의 성장만 억제시키는 물질이다.

4) 체온을 1도 올리면 면역이 5배 올라간다.

체온을 1도만 올려주면 면역력이 5배가 올라간다고 한다. 암세포는 따뜻한 것을 싫어하고 차가운 것을 좋아하는 성질을 가진 놈이다. 암 환우들은 무조건 따뜻하게 관리해야 한다. 겨울철에는 반드시 모자와 목도리와 장갑을 끼고 체온이 떨어지지 않도록 주의를 기울여야 한다. 여름철에도 차가운 물 대신에 따뜻한 물을 마셔서 체온을 유지해야 한다.

족욕이 체온을 올려 주는데 굉장히 좋다고 해서 수술 후 1년간 거의 매일 밤 족욕을 했다. 그리고 찜질기를 이용해서 체온을 올려 준다. 나는 손발이 굉장히 차가워서 겨울에 악수하는 것이 민망할 정도였다. 하지만 지금은 손발이 따뜻해졌다. 평소 체온도 37도 정도다. 많은 의사들이 말하길 면역력이 올라가면 재발은 없다고 한다. 그러니 열심히 면역 치료를 해보자.

5) 내가 면역치료를 위해 먹고 있는 건강 기능 식품

1. 헤모힘

헤모힘은 면역력을 올려주는데 대표적인 건강기능식품으로 널리 알려진 제품이다. 원료가 천연 한약제인 당귀, 천궁, 백작약으로 만든 제품으로서 화학 항암치료로 손상된 골수와 피와 백혈구와 NK세포(자연 살해 세포)를 회복시켜 주어서 떨어진 면역력을 정상으로 회복시켜 주는데 도움을 준다. 우주식품으로 알려져 있어서 방사선의 보호 역할을 해줄 뿐만 아니라 항암 치료 부작용에도 탁월한 효능이 있다는 임상 결과가 있을 만큼 탁월한 식품이다. 헤모힘을 몇 년 째 꾸준히 먹고 있는데 항암 치료 할 때는 물론 지금도 감기에 걸리지 않는 것이 신기하고 놀랍다.

2. 후코이단

후코이단은 강력한 항암식품과 면역 식품으로 알려져 있다. 항암 치료 6차 때부터 체력이 급격히 떨어져서 무척 힘들었고 7차 때부터는 걷는 것도 힘들어서 누워 있어야만 했다. 숨 쉴 힘도 없고, 누가 내 몸에 손만 대도 바윗덩어리가 짓누르는 것처럼 무겁게 느껴졌다. 수술 후에도 힘과 기력이 빠지고, 맥이 없는 현상이 자주 발생했다. 물에 젖은 솜처럼 축 늘어져서 아무것도 할 수가 없고, 만사가 귀찮고 의욕이 없었다. 그럴 때는 서너 시간을 누워 있어야 했다. 힘이 없어서 잠을 못 자기도 했다.

그때 사랑의병원 오인명 원장님이 추천해 준 식품이 후코이단이다. 나의 통증과 컨디션에 대해서 늘 고민하고 고뇌하던 분이다. 내가 갑상선암 수술 경력이 있고, 항암 치료 중에 신지로이드를 먹지 않은 결과 갑상선 기능 저하까지 왔다는 것을 유추하면서, 요오드와 미네랄이 부족해서 그런 증상이 나타날 수 있으니 후코이단을 먹어보라고 했다.

곧바로 후코이단을 먹었고 그런 증상들이 즉시 사라졌다. 3개월 정도 복용했을 때 몸에 힘이 나고 활력이 생기면서 의욕이 넘쳤다. 또한 아침에 일어나서 배변을 보고 난 후에는 심하게 허기가 져서 눈앞에 별이 보이면서 어지러웠는데, 후코이단을 복용한 후부터는 그런 증상도 사라졌다. 몸에 에너지가 가득 채워진 느낌이다.

3. 엠브로토스라이프

글리코 영양소로서 8가지 당 영양소로 구성되어 있으며 다당체가 세포의 촉수에 영양을 공급해 주어서 세포 간 정확한 교신을 할 수 있는 안테나를 세울 수 있도록 도와주는 제품이다. 그로 인해 바이러스를 인지하고 공격해서 면역력을 높여주는 제품이다.

4. 글루타티온

글루타티온은 항암 작용과 독소 해독에 도움을 주는 제품이다. 항암 물질이 체내에서 빠져나가는데 걸리는 시간이 1년 이상 걸린다고 한다. 독극물인 항암물질을 빨리 배출시켜 주어야 몸의 건강이 회복되고 면역력도 회복이 된다.

5. MSM

식물성 유황으로 만들어진 MSM은 기적의 선물이라고 할 정도로 우리 몸에 좋은 식품이다. 사포닌 덩어리라고 할 만큼 사포닌이 많이 들어있다. 면역력 증진뿐만 아니라 통증 치료에 좋다는 사실도 많이 알려져 있다. 나 역시 통증치료에 많은 도움을 받고 있다.

6. 흑마늘

친정 어머니가 무안에서 직접 재배한 마늘로 흑 마늘을 제조해서 아침마다 3~4알씩 먹고 있다.

면역 치료를 위해 먹고 있는 제품을 간단하게 소개해 보았다. 비싸다고 좋은 것이 아니고 검증된 제품을 먹어야 한다. 요즘 유튜브에 정보가 넘친다. 먹고 효과를 본 사람들이 추천하는 제품을 먹는 것이 좋은 방법이라고 생각한다. 또한 자신에게 맞는 제품을 선택하는 것이 중요하다. 남이 먹는다고 무턱대고 구매하는 것은 옳지 않다. 암 환우들은 생명이 달려 있는 문제이기 때문에 신중을 기해야 한다.

예를 들어 유방암 환자 같은 경우 암세포의 성격에 따라 호르몬 양성, HER2(허투), 삼중음성 3가지 타입으로 구분된다. 삼중음성 같은 경우는 발병 원인을 알 수 없는 악성 신생물이기 때문에 치료가 어렵다. 대신에 먹는 음식에 영향을 받지 않는다. 그다지 암 때문에 주의해야 할 음식이 특별히 없다는 것이다. 하지만 호르몬 양성 같은 경우는 여성 호르몬 과다로 생긴 악성신생물이기 때문에 에스토로겐이 함유된 음식이나 건강 기능 식품을 섭취하면 안 되고, 또 에스트로겐을 분비시키는 음식이나 건강 기능 식품은 피해야 한다.

이처럼 사람마다 암의 성질이 다르기 때문에 무턱대고 아무거나 먹으면 후회막급이다. 요즘엔 인터넷과 유튜브에 정보들이 많기 때문에 공부를 하고 지혜롭게 판단하고 선택하는 것이 중요하다.

이와 같이 기초 공사를 위해서 영양 치료가 필요하다. 그 위에 튼튼한 집을 짓기 위해 면역 치료를 해야 한다. 튼튼하게 집이 지어졌다면 태풍이 불어도 흔들리거나 무너지는 일은 없을 것이다.

3. 운동 치료-멋지게 인테리어 하라.

1) 움직이면 살고 누우면 죽는다.

적게 먹고 많이 움직이는 사람이 건강하게 오래 산다는 보고가 있다. 건강한 사람도 건강을 유지하고 또 질병을 예방하기 위해서는 반드시 적절한 운동을 해야 한다. 먹는 것은 많이 먹는데 열량을 소비하지 않으면 지방으로 쌓이게 되고 그것이 성인병을 일으킨다.

암을 이겨내기 위한 생활 습관 중에 중요한 것이 바로 운동이다. 운동은 체력과 면역력을 길러주고 피로감이나 통증, 우울감 등을 이겨낼 수 있는 힘을 키워 준다. 암 환자들은 반드시 운동을 해야 한다. 항암 치료 전에는 유산소 운동과 근력 운동을 통해서 근력을 쌓아둬야 한다. 항암 치료 중에도 산책과 등산 등을 통해서 운동을 해야 한다. 체력을 비축하고 근력을 보완해야 계속되는 항암 치료에 버틸 수 있고 이겨낼 수 있다. 나도 항암 치료 중에

요양병원 근처에 있는 탄천 길을 아침저녁으로 산책 했고, 집에 있을 때는 남한산성에 올라가곤 했다.

체력이 안 따라 주고 힘들 때는 조금씩 걸었고, 체력이 올라오고 컨디션이 좋을 때는 40분정도 걸었다. 실내 피트니스센터에서 하는 것보다 야외에서 자연을 보면서 운동하는 것을 추천한다. 힐링이 되고 기분 전환도 되기 때문에 훨씬 좋다. 햇빛을 보면서 걸으면 멜라토닌이 형성되고 도파민이 배출되기 때문에 입맛도 좋아지고 밤에 숙면을 취할 수 있다.

항암 치료 1차~4차 때 까지는 컨디션이 좋았고 활력이 넘쳤다. 그러나 6차 때 부터는 체력이 급격히 떨어져서 병원 로비 두 바퀴도 겨우 돌았다. 그러다 보니까 근력이 다 빠져버렸다. 시간이 갈수록 운동하는 것이 힘들었다.

움직일 수 있을 때 무조건 많이 움직이고 체력이 받쳐 줄 때 무조건 운동을 해야 한다는 것을 그때 깨달았다. 그야말로 죽기 살기로 운동을 해야 한다는 것을 늦게서야 깨달았다. 선경험자로서 후배 환우들에게 나의 뼈아픈 경험을 반면교사 삼고, 나와 같은 실수를 범하지 않기를 바라는 마음이 간절하다.

2) 운동을 해야 세포가 살아난다.

전신 통증 치료를 위해 다섯 군데 병원을 다니면서 치료를 받았다. 일주일이 정신없이 지나갔다. 병원에 가는 곳마다 아파도 움직여야 한다는 것이 공통된 처방이었다. 운동을 해야 세포가 살아나서 통증이 없어진다고 했다. 그래서 난 움직였다. 근육이 끊어질 것처럼 아파서 울고, 걷다가 힘들면 벤치에 앉아서 울면서 운동을 했다. 그렇게 해야 통증이 없어진다고 하니까 죽기 살기로 매일 걸었다. 매일 참새 눈물만큼씩 좋아지는 것을 느끼면서 희열을 느꼈다. 걷는 시간이 5분 늘어나면 뛸 듯이 기뻐했다. 희망을 가지고 걷고 또 걸었다.

특히 맨발로 자주 걸었다. 맨발로 걸으면 전자가 몸에 더 많이 들어가 세포 회복이 빨리 되고 몸의 활성 산소가 빠져나가서 통증이 줄어들기 때문에 맨발 걷기를 자주 했다. 좋은 공기를 마시기 위해서 가평 축령산과 잣나무 숲, 양평 중미산에서도 맨발 걷기를 했다. 집에서 가까운 위치에 있는 공원 숲길에서 맨발 걷기를 자주했다. 공원 숲길은 흙도 좋고 나지막한데다 오름직한 길이기 때문에 내가 좋아하는 숲길이다. 이렇게 운동을 한 결과 1년 8개월이 지난 지금은 통증이 많이 사라졌다. 아침마다 감사하고 시간마다 감사하고 있다.

운동할 때 유념할 것은 암 환자에 따라 부작용을 주의하면서 자신에게 맞는 운동법을 선택해야 한다는 사실이다. 난 유방암 수술을 했기 때문에 수술한 쪽 팔은 무거운 걸 들어서도 안 되고, 팔을 심장 아래로 축 늘어뜨리는 운동을 해서도 안 된다. 골프와 같은 운동을 해서도 안 된다. 걷는 것과 필라테스나 요가와 같은 운동이 적당하다.

최근에는 뒷목 어깨와 승모근의 통증이 심해져서 필라테스를 시작했다.

암 환우들은 생활 습관을 바꿔야 한다. 이전의 생활 습관과 식습관으로 다시 돌아가면 안 된다. 완전히 바꿔야 재발과 전이를 막을 수 있다. 움직이기 싫어도 움직여야 하고, 운동하기 싫어도 운동해야 한다. 즐기면서 운동을 해야 한다.

안정환 해설위원이 이런 말을 했다.

"한국 축구가 월드컵 4강에 다시 오르려면 어릴 적부터 축구를 재미로 해야 한다"

일리가 있다. 축구를 놀이나 재미로 하지 않고 애국심에 불타서 결사적으로 하는 건 한계가 있다. 환우들도 마찬가지다. 억지로 하면 재미도 없고 숙제처럼 느껴져서 더 하기 싫게 된다. 환경을 바꾸고, 생활 습관을 바꾸고 생각을 바꾸는 것이 재발을 막고 완치로 가는 지름길이다. 즐기면서 하는 것이 가장 좋은 방법이다.

3) 피할 수 없으면 즐기자.

2020년 여름은 사상 처음으로 60일이라는 슈퍼장마가 지나갔다. 곳곳에서 물난리 피해가 발생해서 무척 안타까웠다. 장마 기간에도 비가 잠시 멈추면 짬짬이 마스크를 쓰고 공원에 가서 운동을 하고 숲길을 걷곤 했다.

어느 날 장마가 소강상태를 보이길래 공원에 갔다. 호수를 반 바퀴쯤 돌았을 때 빗방울이 떨어지기 시작했다. 우산도 없이 가볍게 나왔는데 아차 싶어서 차를 향해 빠른 걸음으로 걷기 시작했다. 비가 계속해서 쏟아졌고 나는 전속력으로 뛰었다. 비가 양동이로 퍼붓듯 쏟아졌다. 이미 내 몸은 물속에 들어갔다 나온 것처럼 젖어 버렸다. 뛰던 것을 멈추고 천천히 걷자 기분이 상쾌했다. 그렇게 큰 비를 맞아 보긴 내 인생 처음이었다. 비 맛이 참 좋았다. 비에 젖은 흙냄새가 무척 좋았다. 비를 맞고 걸으면서 생각했다.

'피할 수 없으면 즐기자! 즐기는 자를 이길 자는 없다!'

비 맞는 것을 즐기면서 문득 통증도 즐기고, 운동도 즐기면서 살아야겠다고 다짐했다.

영양 치료로 기초 공사를 튼튼히 하고, 그 위에 면역 치료로 튼튼한 집을 지었다면, 운동 치료로 외부를 멋지게 인테리어 해보자. 그래서 살고 싶은 집, 갖고 싶은 집으로 만들어 보자.

4. 마음 치료- 마음의 정원을 가꾸자.

1) 몸이 아프면 마음도 아프다.

대다수의 암 환우들은 마음의 질병을 동시에 가지고 있다. 내가 원해서 암에 걸린 것은 결코 아니다. 그러나 예고도 없이 찾아온 암과 친구로 함께 살아야 하는 것은 정말 불편하고 힘든 일이다. 건강한 몸으로도 광야 같은 세상을 살아가는 것도 힘에 겨운데, 좋아하지도 않고 원하지도 않는 친구와 광야 길을 함께 걷는 것은 몇 백 배 힘든 일이 아닐 수 없다. 이 친구는 수시로 나를 불안하게 하고 수시로 내 마음을 요동케 한다. 재발에 대한 염려와 죽음에 대한 공포의 도가니에 밀어 넣고, 삶을 바닥으로 떨어뜨린다. 재발 전이가 없는 암 환우들은 그나마 마음의 질병이 깊지 않다. 그러나 재발과 전이 암 환우들의 상황은 이루 형용할 수 없는 고통의 시간을 보낸다. 누구도 이해할 수 없고, 누구도 공감할 수 없고, 누구도 위로할 수 없다. 수시로 찾아오는 암성 통증과 죽음에 대한 두려움 때문에 공황장애와 우울증을 앓고 있는 암 환우들이 너무나 많다.

첫 항암 치료를 하기 위해서 암병동 혈액내과에 갔을 때였다. 발 딛을 틈도 없이 환자들로 빼곡했다. 항암치료에 지쳐서 쓰러져 있는 사람, 휠체어에 의지하고 있는 사람, 화장실을 들락날락 하는 사람, 멍 때리고 있는 사람, 통증 때문에 괴로워하는 사람 등등 사람들의 얼굴에서 생기라곤 찾아볼 수 없었다. 첫 항암 치료를 받으러 간 나로선 그런 환우들의 모습이 두렵고 무서웠다. 얼마 후엔 내 얼굴에서도 생기가 없어지고, 입술의 핏기가 사라지게 될 것이라는 생각에 마음이 얼어붙었다.

그런데 한 중년 여성이 항암 모자를 쓰고 뜨개질을 하고 있었다. 그 모습이 놀라웠다.

'항암치료가 저렇게 사람들을 피폐하게 만드는데 저 아주머니는 어떻게 저토록 단정하고 편안한 모습으로 뜨개질을 할 수 있지?'

하지만 항암치료 과정 중에 발생하는 여러 부작용, 마음의 폭풍을 잠재우고 잊기 위해서 아주머니가 뜨개질에 집중하고 있었다는 것을 나중에 깨닫게 되었다.

암 환우들은 암을 진단받은 날부터 다양한 신체적 정신적 어려움을 겪는다. 우울증, 불안증, 불면증, 분노, 피로, 신경성 통증 등을 겪는다. 이것들 중 암 환우들의 투병 의지를 꺾고 삶의 질을 떨어뜨리는 심리적 문제로 가장 심각한 것이 바로 우울증이다.

조기 발견과 치료법의 획기적인 발전으로 인해 갈수록 암을 극복하고 살아가는 사람들이 늘어나고 있다. 하지만 '암'이라고 하는 진단이 죽음에 버금가는 정신적인 충격을 주는 것은 여전하다. 나도 그랬다.

한 조사에 의하면 암 환우가 우울증에 걸릴 확률은 일반인에 비해 약 10배나 높다고 한다. 암 환자의 우울증은 심리적인 고통 뿐만 아니라 면역력을 떨어뜨리기 때문에 완치를 방해하고 전체적인 삶의 질을 떨어뜨린다.

암 환우들 중에 우울증 약을 먹는 것이 오히려 암치료 과정을 방해하지 않을까 하는 오해를 하는 사람들도 있다. 전혀 그렇지 않다. 우울증은 적극적으로 치료해야 한다. 암을 완치하는데 지장을 받지 않도록 해야 한다.

몸이 아프면 몸만 아픈 것이 아니라 마음도 아프다. 그것은 바늘과 실처럼 따라다닌다. 그래서 몸만 치료하면 되는 것이 아니라 마음도 함께 치료를 해야 한다. 좋은 것을 먹고, 좋은 생각을 하고, 좋은 공기를 마시고, 좋은 마음을 갖는 것이 치료에 굉장히 중요하다.

암 치료에 있어서 스트레스를 받는 환경에서 탈출하는 것도 매우 중요하다. 스트레스는 환자에게 최대의 적이다. 마음을 최대한 편안한 상태로 유지하는 것이 치료에 도움이 된다.

좋은 것을 먹는 영양 치료로 기초 공사를 튼튼하게 하고, 면역 치료와 면역력 관리로 반석 위에 튼튼한 집을 짓고, 운동으로 멋지게 인테리어를 했다면, 이제 집안에 예쁜 정원을 만들어보자. 그것이 바로 마음 치료다.

2) 나에게 맞는 마음 치료 찾기

정서에 허기를 느낄 때가 있다. 사람은 감정의 동물이기 때문에 사랑받지 못하면 정서에 허기를 느끼고 특이한 행동을 하거나 이상 행동을 하게 되는데, 이것은 관심 받고 싶고 사랑받고 싶다는 몸의 대화이다. 특히 암 환우들은 일반인들에 비해 몸이 아프고 긴 투병 생활을 하다 보니 외롭고 서럽고 우울할 때가 많다. 또한 친하게 지내던 환우가 하늘나라로 가는 것을 볼 때 표현할 수 없는 우울감이 찾아온다.

'날마다 기막힌 새벽'의 김동호 목사님도 암에 걸리고서 문득문득 우울하고 무섭고 두렵다고 하셨다. 나도 그렇다. 어느 날 밝고 명랑하게 유튜브를 했던 췌장암 환우가 하늘나라로 갔다는 영상을 보았다. 종일 마음이 우울했다. 부고는 숙연한 마음으로 삶에 대해서 한 번 더 생각하게 하는 소식이다. 그런데 같은 환우의 부고 소식을 들을 때는 가슴이 철렁해 진다. 암 환자는 늘 마음에 죽음을 준비하고 사는 삶이기 때문에 그럴 것이다.

수시로 찾아오는 우울감과 감정 기복을 조절할 수 있어야 하는데, 우린 심리학이나 상담학을 전공한 사람이 아니다. 덥석덥석 찾아오는 우울감을 방치해 두면 큰 병이 되기 때문에 예방해야 하고 또 치료를 해야 한다.

정서와 마음에 편안함을 주고 치유해 주는 다양한 프로그램들이 있다. 음악 치료, 미술 치료, 웃음 치료, 글쓰기 치료, 사진 치료, 영화 치료, 원예 치료, 독서 치료, 명상, 등산, 뜨개질 등 자신에게 맞는 치료 프로그램을 선택해서 꾸준히 하다보면 어느 순간 마음이 편안해진다. 기쁨이 생기고, 삶의 질이 향상된 것을 체험하면서 삶의 의미와 목적이 또렷해지는 것을 느끼게 될 것이다.

많이 웃는 것도 마음 치료가 된다. 면역력도 올라가고, 웃음 치료로 암을 치료했다는 사례들도 있다. 난 예능 프로그램을 보면서 많이 웃으려고 노력한다.

3) 내가 체험한 블로그 치료

나는 세 번 질병의 밤을 경험했다. 첫 번째 밤은 2008년 갑상선 암이었고, 두 번 째 밤은 2010년 공황장애였다. 두 번째 공황장애의 밤은 한 치 앞도 보이지 않는 칠흑 같이 깊고 무서운 밤이었다. 갑자기 죽음이 휘몰아쳐 오는 공포, 엉덩이뼈에서부터 척추를 타고 정수리까지 부글부글 끓어오르는 뜨거운 현상, 지구가 거꾸로 도는 것처럼 몸이 꼬꾸라지면서 쓰러질 듯한 현상, 불안 증상이 극도로 차올라서 졸도를 한 채 응급실에 실려 가고, 각종 통증과 입맛 없음과 불면과 어지러움과 비현실적으로 보이는 현상들, 엘리베이터도 못 타고, 지하철도 못 타고, 집밖으로 나가면 죽을 것 같아서 반드시 가족이 동행해야만 했다.

이런 상상할 수 없는 증상과 현상들이 시도 때도 없이 나타나니 맨 정신으로는 도저히 감당할 수 없는 상황이었다. 차라리 죽는 게 나을 것 같아서 죽는 생각만 했다. 머리를 바닥에 치고, 벽에 찧으면서 죽으려고 했다. 지금 생각해도 지옥 같은 시간이었다.

하나님이 만져 주셔서 그런 증상들이 기적같이 수그러들고 점점 나의 건강이 회복되기 시작했다. 그러나 아직도 여전히 공황장애의 여진이 남아 있었다. 틈만 나면 나를 집어 삼키려고 입을 벌리고 달려들었다.

어떤 질병이든지 그 증상과 생각에 매몰되지 않는 것이 무엇보다 중요하다. 몸이 아프거나, 몸에 이상 증상이 나타나면 부정적인 생각을 하게 된다. 안 좋은 쪽으로 생각을 확장시킨다. 그러다 보면 불안의 늪으로 빠져 버리게 된다. 생각에게 부정적인 먹이를 계속 먹여서 부정의 몸집을 더 키워 버린다. 질병의 밥이 되어 버린다. 결국 질병의 구덩이에 빠져 버린다.

나는 공황장애를 겪으면서 생각 멈추기 훈련을 했다. 내가 겪었던 공황장애의 증상 중 한 가지는 극단적 부정적인 생각이 계속 드는 것이었다. 그것에 사로잡혀서 공포에 질려 졸도까지 했다. 그 후 부정적인 생각이 들어올 때, 더 이상 그 생각을 하지 않고 명때리기를 했다. 생각 멈추기를 했다. 제압하기를 했다.

그리고 무언가 집중할 것을 찾았다. 나를 지키고, 내 생명을 지키고, 내 마음을 치료할 치료제가 필요했다. 비상구가 필요했다. 문화센터에 클래식 기타를 배우러 다녔다. 그리고 블로그를 해야겠다고 생각했다. 공황장애 증상에 사로잡히고 싶지 않았다. 빠져나오고 싶었다. 나를 지키고 그 증상들을 잊어버리기 위해서 무언가 집중할 것을 찾았는데 그것이 블로그였다. 혼자 독학해서 블로그를 개설했다. 매일 말씀과 신학 자료와 찬양과 기독교 자료들을 만들고 수집해서 올리다 보면 시간 가는 줄 모르고 하루가 금방 지나갔다. 공황 증상이 나타나도 무시하고 제압하면서 블로그에 집중했다.

생각 멈추기와 제압하기를 끊임없이 하면서 블로그에 집중한 결과 공황장애가 서서히 사라지면서 내 인생 두 번째 밤에 새벽이 찾아왔다. 칠흑처럼 어두웠던 '공황장애'라는 깊은 밤에서 탈출을 했던 것이다.

4) 내가 체험한 사진치료

2018년에 세 번째 질병의 밤이 또 찾아왔다. 이번엔 유방암이라는 깊고 깊은 밤이 강도처럼 찾아왔다. 그러나 내 삶을 깊은 어둠속으로 몰아넣었던 것은, 항암 치료나 수술이 아닌 전신 통증이었다.

항암 치료와 수술이 끝나서 밝은 아침을 기대하고 인생 2막의 멋진 계획을 세우고 있었다. 그런데 전신 통증이 내 온 삶을 한 발짝도 움직일 수 없는 쇳덩어리처럼 만들어버렸다. 통증을 치료하기 위해서 다섯 군데의 병원에 다니며 치료를 받았지만 효과가 없었다. 말기 암 환자가 먹는 진통제도 먹어보았지만 나아지지 않았다.

이 전신통증이라는 세 번째 밤을 탈출하기 위해서 선택한 비상구가 사진이다.

2010년에 공황장애를 겪었을 때 블로그를 통해서 경험 했던 치유를 기억해내고 무언가에 집중할 것을 찾아야겠다는 생각을 했다. 만약 전신 통증에 잡히면 나의 정신과 마음이 온전케 되지 못할 것이 분명했다. 평소 알고 지내던 윤 용 목사님께 급한 마음으로 사진을 배우고 싶으니 가르쳐 달라고 했다. 그리하여 하루 만에 속성으로 사진을 배웠다.

사진은 여행도 할 수 있고, 운동도 할 수 있고, 마음을 치료 할 수도 있다. 걸으면서 사색할 수도 있고, 자연을 보면서 묵상할 수도 있고, 작가도 될 수 있으니 장점이 많은 멋진 예술이다. 사진의 가장 큰 매력은 피사체에 집중할 때 이 세상이 고요해진다는 사실이다. 피사체에 시선을 맞추고 집중하는 동안 내 안에 시끄럽고 복잡하던 감정들이 잠잠해지고 통증을 잊을 수가 있었다. 그러다 보니 지치고 아픈 마음이 치유가 되었고 구멍 난 마음이 메워졌다. 무너졌던 마음의 성곽이 다시 견고하게 세워졌다. 사진에 집중하는 동안 통증이 느껴지지 않았고 통증의 사슬에서 놓여 자유인이 될 수 있었다.

제주에서 가족 여행을 할 때였다. 38도를 웃도는 폭염의 날씨였고 가만히 서 있어도 땀이 줄줄 흐르는 날씨였다. 가족들은 덥다며 차 안에서 에어컨을 켜놓고 있었고 나는 열심히 사진을 찍었다. 한 시간쯤 지난 후 차에 돌아오자 남편이 내게 물었다.

"한 시간이나 그렇게 허리를 숙이고 쭈그리고 앉아서 사진을 찍었는데 안 아파?"

"응. 안 아파. 사진 찍을 때는 아픈 걸 못 느껴"

바로 그거다. 잊어버리는 거다. 잊기 위해서 집중하는 거다. 아무것도 안하고 집에만 있었다면 괴로워서 몸부림을 쳤을지도 모른다. 그러나 사진을 찍기 위해 피사체에 집중하고 하나님이 만드신 자연을 보면서 감탄하는 동안 기쁨이 차오르기 시작했다. 마음은 행복해졌고 감사가 넘쳤다. 그러다 보니 내 몸은 물론 내 삶에 빛이 들어오기 시작했다. 치유가 급속히 일어나기 시작했다. 마음이 안정되고 우울증이 떠나갔다.

셔터를 누를 때 "찰칵"하는 소리가 그렇게 기분 좋을 수가 없다. 스트레스가 다 날아가는 기분이다. 사진을 찍으면서 꽃에 집중하다 보니 통증도 잊어버렸다. 사진이 빛으로 그리는 그림이라서 그럴까? 내 삶에 빛이 들어왔다. 사진을 배울 때까지만 해도 통증이 심해서 아들이 운전을 해 주었다. 사진을 배운지 8개월이 지난 지금 통증이 많이 없어졌다. 내가 사진에 투자한 것은 적었지만 얻은 것은 너무 많다. 무엇보다 지금 나는 감사가 넘치고, 무척 행복하다.

5) 삶 나누기

내가 마음 치료를 위해서 빼놓을 수 없는 것. 그것은 지인들을 만나서 수다 떨면서 많이 웃는 것이다. 나를 이해해 주고 지지해 주는 사람들에게 나의 삶을 숨김없이 솔직하게 열어젖히고 나눈다. 아픈 것, 우울한 것, 미래에 대한 불안함, 또 사역에 대한 계획 등을 털어놓고 삶을 나눈다. 심각한 분위기가 아닌 화기애애한 분위기이기 때문에 엔돌핀이 생성 되고, 면역력도 올라간다. 삶의 활력도 생겨서 마음치료에 많은 도움이 되었다.

황성주 박사는 〈암은 없다〉라는 책에서 실험 데이터를 통해 마음치료의 중요성에 대해서 말했다. 스탠포드대학병원에서 항암 치료를 받는 말기 유방암 환자들을 두 그룹으로 나누어 한 그룹은 표준적인 항암 치료만을 받고, 다른 그룹은 표준적인 항암 치료와 함께 보조적 심리 치유 프로그램을 실시하였다. 이 연구 결과는 슈피겔 박사 자신에게도 매우 충격적이었다. 암 환자끼리 1년 동안 나눔의 시간을 가진 그룹은 일반적인 치료만 받은 그룹에 비해 두 배 이상 오래 살았고 암 재발률도 월등히 낮았기 때문이다.

심리 치유 프로그램의 주요 내용은 환자들끼리 서로 격려하기, 죽음에 대한 공포나 걱정을 표현하기, 생활 계획과 사회적 역할을 재조정하기 등이었는데, 치료 결과 통증이 대조군에 비해 더 많이 감소하고 심리적 안정감이 증대되었다. 무엇보다 생존 기간에 있어서 대조군이 18.9개월이었으나 치료군은 36.6개월로 2배 정도 차이가 있었다.

삶을 나누는 것이 어떻게 암 환자의 생존율을 높이는 것일까?

1. 환자의 자긍심이 높아지자 식욕증진, 쾌적한 수면, 적절한 운동 등 자기 관리를 할 수 있게 된 점

2. 내면의 문제가 해결되어 대인 관계가 좋아진다는 점, 특히 의료진에 대한 신뢰가 회복되고 치료에 적극적인 관심을 보인다는 점

3. 내면의 문제로 스트레스를 받아 분비되던 글루코 코르티코이드나 프로락틴 같은 면역 억제성 호르몬이 감소한다는 점

4. 신경계와 면역계는 밀접한 관계가 있는데 스트레스로 인해 NK세포(암을 죽이는 살해 세포)기능이 정상으로 회복된다는 점 <*암은 없다.*> 황성주 *지음*

스트레스는 면역을 억제시키는 호르몬을 분비시키는 반면에, 마음의 안정과 평화는 NK세포를 정상으로 회복시킨다. '암 환자는 절대로 스트레스를 받으면 안 된다'는 것은 누구나 잘 알고 있다. 하지만 스트레스를 안 받고 산다는 것이 말처럼 쉽지 않다. 스트레스를 받았다면 그것을 빨리 밖으로 내보내는 것이 병을 만들지 않는 비결이다. 말로 내보내든지, 운동으로 내보내든지, 취미 활동으로 내보내든지, 스트레스를 마음에 담아두지 말고 즉각 내보내야 한다. 스트레스를 계속 모아두면 마음의 정원이 망가진다.

스트레스는 잡초와 같다. 뽑아내면 또 생기는 게 잡초다. 부지런한 농부의 밭에는 잡초가 없다. 계속 뽑아 주기 때문이다. 하지만 게으른 농부의 밭에는 잡초가 무성하다. 잡초를 방치하면 어느 순간 손을 쓸 수 없는 상태가 된다.

지인들을 만나서 내 삶을 나누는 것으로 스트레스를 내보내고, 사진을 찍으면서 스트레스를 내보내고, 글을 쓰면서 스트레스를 내보낸다. 늘 마음에 평화와 안정을 유지하도록 노력한다.

그러자 잡초가 무성했던 내 마음의 정원에 예쁜 꽃이 가득해졌다. 어느새 다른 암 환우들을 위로하는 아름답고 향기로운 사람으로 변해 있었다.

5. 영혼 치료
- 암에 걸리면 지고 하나님께 걸리면 이긴다.

1) 이 땅에 모든 사람은 사형수이다.

헤밍웨이의 〈노인과 바다〉라는 작품에서 노인은 커다란 물고기를 배에 묶으면서 이렇게 생각한다.

'물고기가 나를 데리고 가는 것인지? 내가 물고기를 데리고 가는 것인지?'

인간의 실존을 보여 주는 말이 아닐까 하는 생각이 든다. 지금 무엇이 나를 끌고 가는 것일까? 내가 암을 끌고 가는 것일까, 암이 나를 끌고 가는 것일까? 주객이 전도되면 안 된다. 내가 암을 끌고 가야지 암이 나를 끌고 가면 안 된다.

암 환우들이 가장 두려워하는 것은 죽음이다. 죽음이 두렵지 않다는 사람은 거의 없다. 나도 두 번째 유방암 진단 받았을 때 가장 먼저 떠오르는 단어가 죽음이었다. 두려웠고 억울했다. 하지만 그 복잡한 감정은 소나기가 지나가듯 잠시 머물다 지나갔다.

모든 사람들이 암을 두려워한다. 왜 그럴까? 누가 뭐라 해도 사망률 1위는 암이기 때문이다. 더구나 누구나 암에 걸릴 수 있다.

그렇다면 암 환자들만 죽을까? 아니다. 암에 걸리지 않아도 다 죽는다. 이 땅의 모든 사람들은 엄마의 요람에서 태어나는 순간 죽음이라는 병에 걸려서 사형선고를 받고 살아가는 인생들이다. 먼저 가고 늦게 가는 시간차만 있을 뿐, 그날이 언제일지는 모르나 누구도 예외 없이 죽음을 맞이한다. 아는 목사님이 암에 걸린 사람은 복 있는 사람이라고 했다. 자신의 삶을 정리하고, 가족과 지인들과 이별할 수 있는 시간이 있으니 암에 걸린 것은 행운이라고 했다.

대부분의 사람들에게 죽음은 두려운 침입자이다. 중요한 것은 그 두려움을 어떻게 극복하느냐. 두려움을 극복하지 못하면 마음에 진정한 평화가 찾아오지 않는다.

영혼의 치유를 경험한 사람들은 죽음이 두렵지 않다. 담담하게 받아들인다. 감사히 받아들이는 사람도 있다. 기쁘게 받아들이는 사람도 있다. 왜 그럴까? 죽음을 문으로 생각하기 때문이다. 문은 어딘가로 통하는 관문이다. 들어가고 나가는 통로이다. 신앙이 있는 사람은 죽음을 천국으로 들어가는 문으로 이해한다. 그렇기 때문에 암에 걸렸어도 죽음에 대한 두려움이 없다. 평안하고 기쁜 마음으로 죽음을 받아들인다.

영화 〈교회오빠 이관희〉의 주인공인 이관희 집사는 서른 일 곱살의 나이에 첫 딸과 만난 후 대장암 4기 진단을 받는다. 사랑하는 아들의 투병하는 모습을 견디지 못한 어머니는 극단적인 선택을 한다. 넉 달 후엔 그의 아내 오은주 집사가 혈액암 4기 진단을 받는다. 1년도 안 되는 시간에 일어난 비극이었다. 12차 항암 종료 후 1년 2개월 만에 복막 전체에 암이 재발한다. 의학적으로 할 수 있는 모든 방법을 다 썼지만 암을 잡을 수 없었다.

이관희 집사는 하루를 살아도 하나님 앞에서 온전하게 살고 싶다고 입버릇처럼 말했다. 말기 암 환자들이 맞는 몰핀 주사도 거부했다. 몰핀 주사를 맞으면 깊은 잠에 빠지기 때문에 하나님의 말씀을 들을 수 없다는 이유였다. 마지막까지 맑은 정신으로 말씀을 듣고 싶다며 주사를 맞지 않고 온 몸으로 그 지독한 통증을 감당해 냈다. 결국 그는 그의 생일날 천국으로 돌아갔다.

그는 암에 걸리긴 했지만 암에게 지지 않았다. 폭풍 같이 몰려오는 통증에도 요동하지 않고 말씀 안에서 평안을 유지하며 고요히 죽음을 맞이했다. 자기 삶에 불어 닥친 이해할 수 없는 고난의 폭풍 앞에서 원망하지 않고 불평하지 않았다. 그래서 그를 현대판 욥이라고 한다. 남편의 임종을 지켜보던 아내 오은주 집사도 오열하지 않았다. 교인들도 조용히 눈물을 닦으면서 임종을 지켜보았다. 모두 그의 영혼이 하나님 나라에 들어가게 됨을 감사하며 찬송을 불렀다. 그 모습이 신앙이 없는 사람들의 눈에는 이해할 수 없는 그림이었을지 모르겠다. 하지만 하나님 안에서의 죽음은 기쁜 것이고 축제이다. 고향에 돌아가게 되었기 때문이다. '교회오빠 이관희'를 촬영했던 KBS 이호경 PD는 "비극 속에서도 부부가 너무 밝고 투명했다"고 전했다.

2) 마음에 천국이 임해야 한다.

얼마 전에 전화번호 두 개를 지웠다. 오빠와 아는 언니가 이 세상 소풍을 마치고 본향으로 돌아갔기 때문이다. 오빠는 나보다 1년 먼저 췌장암 1기 진단을 받고 투병을 시작했다. 수술을 받고 꼬박 3년 동안 항암 치료를 받았다. 항암제 내성이 생기자 항암제 약을 바꿔가면서 치료를 받았고 임상까지 했다. 하지만 끝내 세상을 떠나고 말았다.

오빠가 호스피스 병동에 들어갔다는 소식을 듣고 마음이 몹시 아프고 조급해졌다. 오빠는 3년 동안이나 항암제의 각종 부작용에 시달렸고, 좁은 병실에서 누추한 삶을 살았다. 암에 걸려서 고통스럽게 산 것도 억울한데 오빠가 지옥에 가는 것은 도저히 용납할 수 없었다.

내가 전도하는 것은 가족이기 때문에 오빠가 쉽게 받아들이지 않을 것 같았다. 하지만 오빠에게는 시간이 많지 않았다. 기도 끝에 광주극동방송의 "홍 장로가 간다."의 전도담당 홍 장로님께 도와달라는 부탁을 드렸다. 바쁘신 홍장로님이 흔쾌히 병원으로 오겠다고 했다.

홍 장로님과 함께 오빠가 있는 호스피스 병동으로 갔다. 오빠는 너무나 멀쩡했다.

'이렇게 멀쩡한 사람을 왜 호스피스 병동으로 보낸 거지? 병원에서 뭔가 실수를 한 것이 아닐까?' 싶을 정도로 오빠는 너무나 건강해 보였고 걷는 것은 물론 말하는 것도 모두 정상으로 보였다.

홍 장로님이 오빠에게 복음을 전하기 시작했다. 오빠는 예수님을 믿기로 다짐을 했다. 영접기도까지 했다. 그리고 며칠 안 되서 오빠가 천국으로 갔다. 그렇게 건강하고 멀쩡해 보이던 오빠가 며칠 만에 배에 복수가 차고 혼수상태가 되어 숨을 거두었다. 난 믿기지가 않았다. 너무나 충격이었다. 하지만 기뻤다. 암 환자들 대부분 죽음이 임박하면 암성 통증으로 견딜 수 없어 하는데 오빠는 통증 없이 편안히 갔다.

오빠는 나그네처럼 힘겨운 삶을 살았고, 암에 걸려서 고통스러운 삶을 살다가 갔다. 하지만 모든 고통과 슬픔의 옷을 벗어 버리고 천국에서 영원한 안식을 누리며 평안한 삶을 살게 되었다는 것을 확신한다. 그래서 나는 오빠의 죽음앞에서 기쁨의 눈물을 흘렸다.

숙이 언니는 사랑의병원에서 만난 언니다. 위암 말기였다. 발견 되었을 때는 이미 온 몸에 전이가 되어서 수술도, 항암도 할 수 없는 상태였다. 늦게 결혼한 언니에게는 남편과 중학생 딸이 하나 있었다. 언니의 남편은 초조해 하고 얼굴에 불안과 걱정이 가득했다.

반면 신앙이 있는 언니는 늘 평온했다. 환우들은 언니에게 절대 포기하지 말고 할 수 있는 방법을 다 해보라고 권유했다. 구충제도 먹어보라고 권했다. 민간요법과 자연 치유법을 권했다. 하지만 언니는 이 땅에 미련이 없다며 천국에 빨리 가고 싶다고 했다. 결국 언니는 몇 달 되지 않아서 천국에 갔다.

두 사람 모두 암 병에 걸려서 투병하다가 고단한 인생을 마감했다. 전화번호 삭제 버튼을 누르는데 손가락이 떨리고 마음에 큰 슬픔이 내려앉았다. 내가 천국에 가면 나의 전화번호도 삭제될 것이라는 생각이 들었다. 하지만 내 전화번호가 이 땅에서 삭제되고 내 이름이 이 땅에서 삭제되지만, 나의 이름은 천국 호적에 영원히 새겨져 있으므로 이사를 가는 것뿐이다. 오빠와 언니를 천국에서 만날 것을 생각하니 마음에 반짝반짝 별이 떠올랐다.

어떤 암 환우는 숨이 끊어지기 직전까지 삶에 대한 끈을 놓지 못한다. 그리고 억울해 한다. 특히 신앙이 없는 환우들이 억울해 하는 경우가 많다. 두려움과 공포에 가득차서 얼굴에 새까만 먹구름이 내려앉은 모습은 정말 안타깝다. 신앙이 있는 사람과 신앙이 없는 사람이 죽음을 맞이하는 태도는 현저히 다르다.

내가 주도적으로 암을 제압해야 한다. 그러려면 내 마음과 영혼이 자유를 누려야 한다. 마음에 천국이 임해야 한다. 암에 걸리면 지고 하나님께 걸리면 암을 이길 수 있다. 하나님께 걸리면 암으로 말미암아 일어나는 광풍을 이길 수 있다. 불안을 이길 수 있고, 공포도 이길 수 있다. 죽음도 이길 수 있다.

2018년 6월에 유방암 진단을 받고, 전신통증을 극복하면서 감사한 것이 평생 감사한 것보다 더 많다. 그러니 암이 감사한 이유다. 암이 나에게서 많은 것을 앗아갔지만, 나는 빼앗긴 것보다 얻은 것이 더 많다. 그 중에서도 하나님을 더 깊이 알아 가는 시간을 얻었다는 것이 가장 큰 유익이다. 하나님께서 더 깊은 은혜의 바다로 나를 이끌어 주셨고, 더 깊은 평안의 바다로 인도해 주셨다. 그래서 아프기 이전보다 아프고 난 후의 하루가 더 의미가 있다. 날마다 하나님의 은혜가 폭포수처럼 쏟아지고, 나는 하나님으로 인해 날마다 기적 같은 삶을 살아가고 있다.

4부

가족, 그리고 새로운 꿈

1. 마침표가 아닌 쉼표

남편과 아들 그리고 나, 우리 셋은 남한산성에 자주 다녔다. 집에서 가깝고 산책 코스도 완만하고 내가 걷기에 안성맞춤이기 때문이다.

산 맛을 알아버린 나는 다른 산에도 가보고 싶었다. 검색해 보니 잣나무 숲이 피톤치드가 많이 나오기 때문에 암 환자들에게 좋다고 했다. 그래서 우린 가평 '잣 향기 푸른 숲'으로 소풍을 갔다.

소문대로 공기 맛이 달랐다. 시원스럽게 쭉쭉 뻗은 잣나무가 무척 멋스러웠다. 숲길로 들어가는 입구에 60대 부부가 앉아 있었다. 우리가 숲길로 들어서자 마치 기다렸다는 듯 숲길을 안내해 주었다. 그 부부는 우리나라 웬만한 산은 거의 다녀 본 산 전문가였다. 우리는 함께 길동무가 되어 피톤치드 길을 걷기 시작했다.

이런저런 이야기를 나누며 전화번호도 교환했다. 언덕길을 오르는데 쉬지 않고 이야기를 하셨다. 난 그냥 걸어도 숨이 차고 힘들어 하는데 아주머니는

다람쥐처럼 가볍게 올라가셨다. 말씀도 참 재미나게 잘 하셨다. 말이 없는 나와 정반대였다. 피톤치드가 가득해서 그런지 기분도 좋고, 공기도 맛있고, 사방댐 밑에서 먹은 도시락도 꿀맛이었다.

우린 도시락을 맛있게 먹고 다시 걷기 시작했다. 하지만 다리 통증이 심해지고 관절이 뻑뻑하면서 더 이상 참을 수 없는 상태가 되었다. 그런데 벤치가 보이질 않았다. 아무리 걸어도 내 다리에게 쉼을 줄 벤치가 보이지 않았다. 결국 난 길바닥에 주저앉고 말았다. 비록 흙바닥이었지만 잠깐 앉아서 숨 고르는 시간을 가졌다. 다리를 주무르면서 좀 쉬고 나니 다시 힘이 났다. 힘차게 걸어서 출발지로 돌아와서 만보기를 확인해보니 12,000이라는 숫자가 정확하게 찍혀있었다.

이 맛있는 공기를 돈을 주고 마시라고 한다면 대체 얼마를 내야할까? 그분이 공짜로 주셨으니 마음껏 마시고 값은 건강으로 지불하자고 다짐했다. 동네가 참 좋았다. 맛있는 공기를 빈 도시락에 담아오고 싶을 만큼 탐이 났다. 개울가 예쁜 카페에서 에디오피아 예가체프 커피를 마시며 생각했다.

'마침표가 아니라 쉼표다.'

암은 마침표가 아니라 쉼표다.

나는 두 번째 유방암에 걸렸다는 것을 알았을 때 이제 끝이라고 생각했다. 내 삶의 마침표를 찍어야 하는 줄 알았다. 그래서 주변을 정리하려고 했다. 그런데 아니었다. 쉼표였다. 죽을 만큼 힘든 시간이 어떻게 쉬는 시간이 될 수 있느냐고 내게 반문할지도 모르겠다. 음악이 소음이 아니라 음악인 이유는 쉼표가 있기 때문이다. 쉼표가 없는 것은 음악이 아니라 소음이다. 삶의 악보에 쉼표가 없다면 그야말로 죽은 인생이다.

나는 그동안 죽기 살기로 앞만 보고 달려왔다. 내 몸이 쉬어 달라고 신호를 보내는데도 무시하고 계속 달렸다. 결국 몸이 반란을 일으켰다. 억지로 쉬게 만들어 버린 것이다. 나는 지금 암에 걸린 것이 아니라 쉼표에 걸렸다. 나를 돌아보고, 내 가족을 돌아보고, 내 주변을 돌아보면서 천천히 되새김질을 하고 있다. 제때 쉬어주지 못해서 발생한 리스크는 내 몫이다. 지나간 것은 잊어버리자. 앞으로 펼쳐질 나의 미래를 생각하자. 멋지고 아름다운 미래를 생생하게 꿈꾸자.

2. 틀린 게 아니고 다름

1차부터 4차까지 항암치료는 2시간이면 끝났다. 하지만 5차부터 8차까지는 항암제가 도세탁셀로 바뀌면서 여섯 시간을 입원해서 맞아야 한다고 했다. AC(아드레아 마이신)와 도세탁셀의 부작용도 달랐다. AC는 머리카락 빠짐과 구토가 심했는데, 도세탁셀은 근육통과 관절통이 심하고 손톱 발톱이 빠지는 부작용이 생긴다고 했다. 화학항암제는 몸에 있는 것을 빠지게 하는 것에 도가 튼 모양이다. AC는 몸에 있는 모든 털을 빠지게 하고, 도세탁셀은 손톱과 발톱을 빠지게 하니 말이다. 내 몸에 암 덩어리 암 세포도 빠지게 하면 얼마나 좋을까 싶었다.

5차부터는 아침 여덟시까지 병원에 도착해야만 했다. 항암환자들이 많기 때문에 시간이 늦으면 당일 항암치료를 못 받게 되기 때문이다. 새벽 다섯시 반에 일어나서 준비를 하고 병원으로 갔다. 도착하자마자 채혈을 한 후,

한 시간 뒤 아홉시 삼십분에 진료를 받았다. 그 다음 오후 두시에 낮 병동에 입원해서 저녁 여덟시까지 여섯 시간 동안 항암주사를 맞는다.

중간에 네 시간이나 쉬는 시간이 생겼다. 집에 다녀오기도 애매한 시간이었다. 이 네 시간 동안 남편과 무얼 하며 보낼까 고민을 했다. 대학로가 가까워서 연극도 보고 영화도 보면서 데이트를 하기로 했다.

5차 때는 북촌한옥마을과 익선동 카페거리에서 남편과 데이트를 했다. 우린 서울 근교에 살면서도 북촌한옥마을에 처음 가 보았다. 그동안 앞만 보고 달려오느라 이렇게 가까운 곳에도 못 와 본 서로를 위로했다. 고즈넉한 골목길 풍경이 마음을 차분하게 해 주었다. 대나무 숲길을 걷는 것처럼 기분이 맑았다. 데이트를 마치고 병원으로 돌아가서 여섯 시간동안 도세탁셀 항암제를 맞고 요양병원으로 돌아왔다.

도세탁셀의 부작용일까? 우려했던 관절통과 근육통은 없었지만 체력이 더 심각하게 떨어졌다. 음식을 먹는 것도 더욱 힘들었다. 머리는 무겁고 기분은 우울했다. 당연히 기력도 심하게 저하되었다. 내 기분을 어찌 알았을까? 비즈니스 파트너들이 병원으로 찾아왔다. 신봉동 카페에서 국화차를 마시며 삶을 나누고 사람 관계로 인해 상처받은 그들을 상담해 주고 보듬어주는 사이 기분이 몹시 상쾌해졌다.

최인호의 책 〈상도〉에 보면 "장사란 이익을 남기기보다 사람을 남기기 위한 것이다"라는 명언이 나온다. 그런데 많은 사람들이 돈을 벌려다가 사람을 놓치는 경우가 많다. 아니, 돈을 벌수만 있다면 사람을 잃는 것쯤이야 아무렇지 않게 생각하는 사람들이 많다. 사람이 재산이다.

나는 애터미 비즈니스를 하면서 많은 사람들을 만났다. 나 좋다고 오는 사람도 있었고, 나 싫다고 떠나는 사람도 많았다. 사람 관계가 내 맘대로 되지 않았다. 사람들은 각자의 성향이 있다. 10인10색이었다. 나와 다른 색깔을 틀렸다고 하면 사람들이 나를 떠나는 것을 보았다. 서로 다름을 인정해주고 존중해 줄 때 관계의 꽃이 피는 것을 경험했다.

6차 항암제를 맞는 날은 고궁을 산책 하려고 했는데, 갑자기 날씨가 쌀쌀해져서 영화를 보기로 했다. 한국영화의 산실이라고 할 수 있는 종로3가 피카디리1958 극장에서 '완벽한 타인'을 보았다. 대사 하나하나가 현실적이어서 공감이 가는 영화였다. 록 밴드 퀸의 이야기를 다룬 영화 '보헤미안 랩소디'를 누르고 예매 율 1위와 평점1위를 달리고 있어서 의아하고 무슨 내용일까 궁금했는데 뛰어난 작품성이나 메시지는 없었지만 재미와 웃음 면에서는 보헤미안랩소디보다 우위인 거 같다. 영화 시작부터 끝나는 시간까지 모처럼 많이 웃을 수 있어서 좋았다. 우리나라 유명 영화인들의 핸드 페인팅 앞에서 기념사진도 찍었다.

영화에서 배우 조진웅씨가 한 대사가 마음에 박혔다.

"사람들이 서로 다른 것을 틀리다고 하더라고, 그래서 서로 마음의 상처를 입지. 모든 관계의 시작은 서로가 다름을 인정하는 것부터다."

맞는 말이다. 나는 정리정돈을 잘하는 사람이기 때문에 그렇지 못한 사람들을 보면 짜증이 난다. 내 딸은 정리정돈이 잘 안 되는 성격이다. 정리정돈이 안 되는 딸의 방을 볼 때마다 스트레스를 받고 힘들다. 하지만 딸은 전혀 불편하지 않은데 왜 화를 내는지 모르겠다고 한다. 그런 딸이 틀렸다고 생각하고 있었다. 그러나 상담공부를 한 후에 딸이 틀린 것이 아니라 나와 다르다는 것을 알게 되었다. 그 후부터는 딸을 야단치지 않고 인정하게 되었다.

래프 톨스토이는 "행복한 결혼 생활에서 중요한 것은 서로 얼마나 잘 맞는가 보다 다른 점을 어떻게 극복해 나가는가이다."라는 명언을 남겼다.

부부관계도 나는 옳고 당신은 틀리다고 생각하기 때문에 싸움이 일어난다. 내가 그랬다. 나는 완벽주의자인데 남편은 그렇지 않은 사람이다. 그러니 모든 것이 안 맞았다. 그러다가 남편이 틀린 게 아니라 나와 다르다는 것을 인정하게 되었다. 조급해 하던 것이 느긋해졌고, 마음이 편해졌다. 남편도 많이 바뀌었다.

서로가 다르다는 것을 인정하는 순간 가정의 평화가 시작된다.

3. I have a dream

아들은 내가 배 아파 낳은 내 아들이지만 정말 효자다. 내가 요양병원에 입원한 날부터 병실 간이 의자에서 쪽잠을 자며 출 퇴근을 했다. 집에 가서 자라고 해도 절대 말을 안 들었다.

그런데 하루는, 저녁에 약속이 있다며 요양병원에 오지 않았다. 그리고 다음날 오전에 양손에 무언가를 잔뜩 싸들고 왔다.

아들이 봉지에서 음식을 하나 둘 꺼내 놓았다. 퇴근 후에 엄마를 위해서 직접 요리를 만들었단다. 그래서 어제 저녁에 못 왔다고 했다. 하늘에서 감동의 눈송이가 떨어졌다. 울컥했다.

미역국과 카레, 그리고 두부샐러드를 만들어왔다. 기특하고 예쁜 아들이다. 첫 요리라 사실 심심하고 맛도 없었다. 하지만 아들의 마음과 정성이 갸륵하고 기특해서 맛있게 먹었다. 점심을 맛있게 먹은 뒤에 아들이 데이트 신청을 했다. 엄마가 좋아하는 노래가 나오는 뮤지컬 영화를 보러 가자고 했다. 우린 영화관에 가서 맘마미아2를 보며 기분 전환을 했다. 그리스를 배경으로 만들어진 너무나 유명한 뮤지컬이 영화로 만들어져 나왔다. 아바의 노래들로 구성된 뮤지컬 영화라 보는 내내 따라 부르며 고개를 까딱까딱, 어깨를 들썩들썩하며 무척 재미있게 관람했다. 청량감 있고 에너지가 넘치는 영화였다.

아바의 노래는 너무나 친숙한 노래여서 즐겁게 기분 전환을 했다. 요양병원으로 돌아와서 저녁 산책을 했다. 아들이 시원한 콜드브루 커피가 마시고 싶다고 해서 커피 가게로 들어갔다. 후각을 자극하는 커피 향에 소피처럼 춤을 추고 싶었다. 항암치료 중이라 좋아하는 커피를 마실 수 없음이 아쉬웠다. 커피 향으로 샤워를 했으니 그것으로도 충분히 만족했다. 하지만 치명적인 커피 향의 유혹에 난 무너지고 말았다. 한 모금 입에 머금고 음미한 뒤삼켰다. 지중해에서 다이빙을 하는 것처럼 온 몸이 짜릿하면서 아바의 노래가 절로 나왔다.

I have a dream, a song to sing
내겐 꿈과 부를 노래가 있어요
To help me cope with anything
어떤 것이든 극복할 수 있도록 날 도와주는
(중간 생략)
I'll cross the stream I have a dream

나는 강을 건널 거예요, 내겐 꿈이 있어요

I'll cross the stream I have a dream

나는 강을 건널 거예요. 내겐 꿈이 있어요

아들이 오늘 나에게 꿈과 목표를 명확하게 그리도록 자극을 시켜주었다. 나에겐 꿈이 있다. 이 유방암의 강을 씩씩하게 건널 거다. 사랑하는 가족을 위해 나는 반드시 이 강을 건너고야 말 거다. 나의 창조자이신 하나님을 위해서 난 반드시 이 강을 건널 거다. 그리고 꿈 너머 꿈을 심어주는 리더가 될 것이다.

4. 아픔이 가져다 준 선물

"결혼이란 단순히 만들어 놓은 행복의 요리를 먹는 것이 아니라, 행복의 요리를 둘이 노력해서 만들어 먹는 것이다." (피카이로)

남편이 양파 피클 담그려고 양파를 까면서 맵다며 연신 눈물을 흘리고 있다. 그 모습이 너무 귀엽고 예쁘다. 이런 아빠를 볼 때마다 아이들은 아빠가 진짜 많이 바뀌었다며 깜짝깜짝 놀란다.

남편은 보기에는 순둥순둥 하게 생겨서 퍽 가정적인 사람처럼 보이지만 가정적이지 못했고, 살림에 대해 전혀 관심이 없는 사람이다. 늘 바빠서 집안 일을 전혀 도와주지 못했다. 쇼핑을 어떻게 하는지도 모르고, 자기 옷도, 신발도 살 줄 모르는 사람이다. 심지어 마트에서 어떻게 계산하는지도 모르는 사람이다. 지금껏 내가 남편의 옷이며 신발 등 모든 걸 다 사다 줘야만 했다. 크기가 안 맞아서 바꾸러 가고, 맘에 안 들어서 바꾸러가고, 비싸다고 바꾸러가고, 이 모든 것이 다 내 몫이다.

딸아이가 고등학교 1학년 때였다. 밤늦게 갑자기 우유가 먹고 싶었던 딸은 아빠에게 전화를 했다.

"아빠 들어올 때 '맛있는 우유' 좀 사와요"

밤 열두시 쯤 남편이 들어왔다. 검정색 비닐봉지를 식탁에 올려놓고 배시시 웃으면서 뿌듯해 했다. 남편은 부스럭거리면서 딸을 불렀다.

"하영아 맛있는 우유 사왔다."

딸이 나왔다.

"헐, 아빠 이게 뭐야? 맛있는 우유 사오랬잖아?"

"그래 맛있는 우유우!! 제일 맛있는 우유가 뭘까 한참 고민하다가 사왔어!!"

남편은 단추 구멍처럼 작은 눈이 안 보이도록 웃으면서 말을 했다.

남편은 딸아이가 요구한 맛있는 우유가 뭔지 몰랐다. 그래서 고민 고민하다 나름 제일 맛있는 우유라고 사온 우유가 노란색 뚱뚱한 바나나우유, 일명 '뚱.바.우'였다. 딸이 원하던 맛있는 우유는 N사의 '맛있는 우유'라는 이름의 우유였는데 남편은 몰랐던 거다.

또 한 번은 딸아이가 아빠에게 베스킨000 아이스크림 좀 사오라고 부탁을 했다. 밤늦게 전화가 왔다.

"아빠 지금 마트인데, 베스킨OOO 아이스크림은 안 판다는데?"

"헐! 아빠 베스킨OOO 아이스크림은 당연히 마트에서 안 팔지"

"다른 아이스크림은 다 파는데 그건 왜 안 팔아?"

"아휴, 그건 베스킨OOO 매장에서 파는 거야 !!"

그날 밤 우린 베스킨OOO로 한바탕 배꼽을 잡고 웃었다.

그랬던 남편이 유튜브 요리 동영상을 켜놓고 감자전을 하고 묵은지 김치 찜을 하는 살림남으로 변했다. 흑마늘도 제조한다. 오늘은 양파 피클을 담 근다고 양파와 마늘을 까고 있다. 나는 소파에 앉아서 그 뒷모습을 보면서 흐뭇해 하고 있다. 암이 우리 부부에게 가져다 준 변화이다.

아들은 빨래를 널고, 딸은 설거지를 한다. 아픔이 우리 가정에 가져다 준 선물이다. 그동안 싸우느라 바빴고 미워하느라 시간을 허비했다. 서로를 아 끼지 않았고 배려하지 않았다. 사랑이 부족했고, 감사를 잊고 살았고, 고마 워할 줄도 몰랐다.

아픔이 우리에게 가져다 준 변화는 매우 크고 무척 소중하다. 지금 내 곁 에 있는 남편과 아내가 얼마나 고마운 존재인지 깨닫게 되었다. 지금 나와 함께 하는 가족이 얼마나 소중한 존재인지도 발견했다. 지금 이 순간이 우리 에게 너무나 소중한 시간이라는 것을 깨달아 가고 있다.

5. 내 삶을 개척해가는 내가 멋지다.

먼지 하나 없이 맑고 투명한 가을하늘이 참 예쁘다. 한국의 하늘이 맞나 싶을 만큼 눈부시다. 구름은 솜사탕처럼 부드럽고 달콤해 유럽에 와 있는 것 같은 착각이 든다. 햇빛은 멜라토닌을 생산해 내기에 안성맞춤이다. 며칠 전만해도 햇볕이 뜨거웠는데 한풀 꺾인 듯 하다.

오늘은 낮과 밤의 길이가 같은 추분이란다. 내일부터는 낮이 짧아지고 밤이 길어진다는 말이다. 시간 참 빠르다. 화살같이 빠르게 지나간다.

율동공원은 나의 옹달샘이다. 이곳에 와서 나는 샘물을 마신다. 위로의 샘물, 기쁨의 샘물, 치료의 샘물, 행복의 샘물을 맘껏 마신다.

난 호수를 걸으면서 많이 울었다. 통증이 내 눈물공장이었다. 어쩌면 그렇게도 눈물이 많이 나오는지 신기하다. 아마 내 눈물도 저 호수에 얼마 정도 지분이 있지 싶다.

2019년 1월에는 주차장에서 힘겹게 호수 입구까지 걸어왔었다. 난간에 기대어 서서 호수를 걷는 사람들을 부러운 눈으로 바라보다가 다시 돌아가곤 했었다. 그토록 괴로웠던 시간이 지나가고 지금은 통증이 많이 사라졌다.

'이 또한 지나가리라'는 말을 나는 참 좋아한다. 기쁨도, 슬픔도, 아픔도, 고통도, 다 지나간다는 말은 진리다.

호수를 두 바퀴째 돌 때였다. 앞서가던 네댓 살 되어 보이는 여자아이가 엉덩이를 실룩거리며 춤을 추었다. 아이가 엄마 아빠랑 산책하는 것이 무척 신나고 즐거운 모양이다. 아이의 엉덩이춤을 보면서 걷는 나도 미소가 절로 나왔다. 그에 질세라 분수도 덩달아 춤을 추었다. 음악까지 흐르면 더 좋았을 텐데 살짝 아쉬웠다.

문득 '내 인생을 시간으로 따지면 어느 정도 되었을까?'하는 생각이 들었다. 마침 공원 시계탑을 보니 오후 4시 10분을 가리키고 있었다. 내 인생을 24시간이라고 가정하면 아직도 여덟 시간이 남아 있다. 지나온 시간을 애달파하지 말자. 오늘 최선을 다해서 살고, 내일을 어떻게 살 것인지 설계하며 진취적으로 살아가자.

시간은 과거로부터 미래로 흐르는 것이 아니다. 미래, 현재, 과거로 흘러가는 것이다.

내일은 나의 것이 아니다. 하나님이 나에게 주셔야 내 것이 되는 것이다. 그러니 오늘이 선물이다. 난 할 일이 너무 많다. 하고 싶은 것도 많다. 욕심이 많은 걸까? 이것저것 배우고 성취하면서 가슴 벅찬 희열을 만끽하고 싶다. 여덟 시간을 알차게 잘 쪼개서 써야겠다.

어제는 만 보를 걸었고, 오늘은 8천500보를 걸었다. 매일 만 보를 걷는 것이 목표다. 온 만큼 가면, 통증도 완전히 떠나겠지? 그땐 만 보를 거뜬히 걸어 내겠지?

작년 초만 하더라도 통증 때문에 10분을 못 걸었던 내가, 아파서 눈물을 뚝뚝 흘렸던 내가 울면서도 걷고, 또 걷고, 죽기 살기로 걷기를 거듭한 결과 지금은 호수 세 바퀴 6km를 거뜬히 걷게 되었다. 이제는 내가 남편과 아들보다 더 빨리 걷는다.

남편은 기뻐하면서 환호성을 지른다.

"와~ 이제 날아다니네!"

나는 남편이 더 기뻐하라고 보란 듯이 더 빨리 앞으로 걸어 나간다.

내 삶을 개척해 가는 내가 멋지다. 아직도 내게 여덟 시간이나 남았다. 서두르지 않고 갈 거다. 두루두루 구경하면서 행복하게 갈 거다. 이것이 내가 살아가는 내 삶의 방식이다.

3개월마다 하는 정기 검사 결과도 좋고, 통증도 많이 없어지고 내 기분도 날아갈 듯 좋다. 오늘 내 기분은 행복으로 정했다. 나를 여기까지 이끌어 주신 하나님의 은혜가 참으로 크고 놀라워서 또 감격의 눈물이 흐른다.

6. 하늘향기

신학대학원을 졸업하고 나는 목사가 되지 않으리라 생각했었다. 그래서 오랫동안 부교역자로 사역을 했다. 그런데 갑상선 암에 이어 두 번째 유방암에 걸렸다. 수술 후에 알 수 없는 전신 통증이 생겨서 한창 힘들어 하던 어느 가을날 목회자로 부르심을 받았다. 하나님은 나에게 목회자로 꽃을 피워 보라고 하셨다.

"지금 이렇게 비바람 속에서 흔들리고 있는데, 지금 꽃을 피우라고요? 내 상황을 모르시는 것도 아니고 지금 이 상황에 어떻게 꽃을 피우란 건가요? 하나님, 너무 가혹하지 않나요? 이 비바람이 지나거든 말씀하셔도 되지 않나요?"

급한 성질머리에 욱하는 옛 자아가 두더지처럼 쑥 올라왔다. 그러나 하나님의 뜻을 깊이 묵상해 보았다.

하나님의 부르심에는 후회함이 없다는 것을 알고 있다. 그러니 언젠가는 꽃피우는 길로 가게 될 것이라는 것도 알고 있다. 내가 이렇게 아픈 걸 모르시는 분이 아니라는 걸 안다. 그렇기 때문에 하나님께서 지금 나를 불렀다는 것은 하나님의 계획이 있으실 거라는 확신이 들었다. 가로로 젖던 고개를 아래로 떨구고 기도를 드렸다.

"하나님의 뜻이라면 꽃피우겠습니다. 꽃자리를 내어 드리겠습니다."

그러나 막상 대답을 하고 보니 내가 할 수 있을까 하는 생각이 들었다. 너무 늦은 건 아닐까 하는 생각도 들었다. 이렇게 아픈데 해낼 수 있을까하는 두려움도 있었다. 걱정되고, 부담되고, 고민이 되었다. 이런 생각에 사로잡히자 하나님은 온데간데없고 메뚜기처럼 작고 초라한 나의 모습만 보였다.

그때 문득 나태주 시인의 시가 생각났다.

<풀꽃3>

"기죽지 말고 살아 봐,

꽃 피워 봐,

참 좋아."

이른 봄에 피는 꽃도 있고, 가을에 피는 꽃도 있고, 겨울에 피는 꽃도 있다. 그러니 늦었다고 기죽을 필요가 없다.

늦은 겨울이면 어떤가?

하나님이 허락하신 나의 때에 예쁜 꽃을 피워 추위에 언 사람들에게 그윽한 하늘의 향기를 선물하면 되는 것이다.

아프면 어떤가?

아픈 사람이 아픈 사람의 마음을 알아주고 공감해 주면 되는 것이다.

부족하면 어떤가?

불완전한 내가 불완전한 사람들을 위로하고 세워 주면 되는 것이다.

부지깽이 끝에 연기 같은 나를 부르신 하나님의 부르심에 순종하여 나는 '하늘향기교회'라는 이름의 가정교회를 섬기고 있다. 또한 '바퀴 달린 교회'라는 이름으로 사무실과 일터로 찾아가서 하나님의 말씀을 가르치는 순회 사역을 하고 있다. '박애란의 하늘의 향기'라는 신앙 에세이로 사람들에게 위로와 소망을 전하고 있다.

7. 멋지게 재부팅 한다.

가난했던 나는 피아노 학원에 다닐 돈이 없었다. 제기동 미도파백화점 앞에 있는 생수피아노학원에서 찬송가 반주법을 한 달 배운 것이 전부다. 피아노 학원에서 고작 한 달 배우고 반주를 한다는 것은 있을 수 없는 일이다.

하지만 목사님이 나에게 말씀하셨다.

"박 선생이 반주를 해야겠어."

나는 직장에 사표를 냈다. 짐을 싸들고 교회로 들어갔다. 스무 평 정도 되는 작은 교회의 차가운 장의자에서 자면서 밥 먹고 화장실 가는 시간 외엔 피아노를 두들겼다. 실력이 없던 내가 피아노를 쳤다는 표현은 어울리지 않는다. 두들겼다는 표현이 더 맞다. 연습에 연습을 거듭했다. 허리가 아프고 엉덩이가 아플 정도로 앉아서 연습을 했다. 그리고 밤에는 간절히 기도를 했다.

"하나님, 제가 반주 할 수 있도록 도와주세요."

느린 곡은 어렵지 않게 마스터를 했는데 문제는 빠른 템포의 곡이었다. 아무리 연습을 해도 손가락이 움직여 주지 않았다. 손가락은 마치 슬로우 모션으로 움직이는 것 같았다. 성질은 급한데 손가락이 안 따라주자 열불이 나서 피아노를 두들겨 팬 적도 있었다.

가난한 목사님은 사택이 없어서 한 사람 겨우 누울 수 있는 베란다에 스티로폼을 깔고 생활 하셨다. 내가 피아노를 두들겨 패자 설교를 준비하던 목사님이 놀라서 뛰어 나오시기도 했다.

그런데 어느 순간 손가락이 빨라졌다. 빠른 곡도 반주가 되었다. 피아노 위에서 자유롭게 움직였다. 나는 환호성을 지르며 기쁨의 세리머니를 했다.

피아노를 공부한지 3개월 만에 반주자가 되었다. 교회 주보 반주자 이름에 내 이름이 쓰였을 때 뛸 듯이 기뻤다. 판검사가 된 것보다 더 기뻐했다. 내가 생각해도 신비롭고 경이로운 일이었다. 그러나 나의 능력으로 된 것이 아니었다. 그 모든 것 위에 하나님이 계셨다. 하나님께서 나에게 희한한 은사를 부어 주셨던 것이다.

피아노 독학을 하면서 티핑 포인트(Tipping Point)를 깨닫게 되었다. 일만 시간의 법칙도 깨달았다. 연습벌레를 이길 사람은 없다. 고 정주영 회장이 자주 했던 유명한 말이 있다.

"임자, 해보기나 했어?"

해보지도 않고 못 한다고 하는 것은 자신의 능력을 과소평가 하는 것이다. 가장 게으르고 기회를 말살하는 죄이다. 나는 어떤 상황에 처하든지 그 상황에 맞는 나 자신을 만들어냈다. 아무리 힘들어도 상황이 나를 지배하지 못하도록 하나님께 능력을 구하며 탈출에 성공했다.

하나님은 내가 연약할 때 강함이 되어주셨다. 내가 아플 때 치료자가 되어 주셨으며, 내가 가난할 때 참 된 부요함이 되어 주셨다.

나는 꿈 너머 꿈을 주는 자가 되기 위해 도전하고 있다.

나도 해내는데 당신이 왜 못하겠는가?

해보시라. 용기를 내시라. 도전하시라.

8. 시처럼 살기로 했다.

유방암 수술로 인해 생긴 전신통증은 우울증을 데리고 왔다.
내 육체를 묶고 정신과 감정까지 파괴하러 들었다.

살기 위해 사진을 배웠고
숨쉬기 위해 자연으로 달려갔다.

나의 본질이며 삶의 근원지인 흙을 밟으며
그곳에서 거친 호흡을 가다듬고 숨 쉬는 훈련을 다시 시작했다.

꽃은,
내가 보지 못했던 우주를 보는 시각을 열어주었다.
감동하고 감탄하며 나는 순수성을 회복했다.

또한 견디는 법을 배웠다.

고통을 이겨내는 일체의 비법을 자연을 통해 깨우쳤다.

사진은,

고통 속에서도 삶을 누리는 방법을 가르쳐 준 선생이다.

시인이 될 수 없다면 시처럼 살기로 했다.

삶의 근원지에서 찰나를 담고 감동하고 감탄하며

지금 이 순간을 누리며 살기로 한 것이다.

숨 쉬고 있는 지금이 시이고

이것이 나의 시이다.

내 아픔을 남에게 공개하고 싶지 않았어요. 뭐 대단한 일인 냥 떠벌리고 싶지 않았습니다. 하지만 세상에 아프지 않은 사람이 있을까요? 육체든... 마음이든... 다 아픕니다.

지금도 곳곳에서 수많은 암 환우들이 항암의 고통에 신음하고 있는 소리가 들립니다. 통증에 고통당하고 있는 환우들의 울부짖음이 들립니다.

암 환우들의 친구가 되고 싶었어요. 통증으로 괴로워하는 사람들의 친구가 되고 싶었습니다. 위로가 되고 싶고, 눈물을 닦아 주는 휴지가 되고 싶고, 환우들의 대변인이 되고 싶었습니다.

암 환자인 우리가 이렇게 아프다는 것을 알리고 싶었습니다. 스피커가 되고 싶었어요. 우리는 아프지만 살기 위해서 처절하게 혈투하고 있다는 것을 말하고 싶었습니다. 그래서 감히 암 투병 에세이집을 세상에 내어 놓게 되었습니다.

책을 쓰면서 많이 울었어요. 그때 그 감정과 그 아픔이 고스란히 떠올랐기 때문이에요. 하지만 책을 쓰면서 행복했고 감사했습니다. 치유를 받았기 때문이에요. 남을 위해 쓰기 시작했지만 나를 위해 쓴 책이었습니다.

살아 있다는 것이 감사입니다. 이 멋진 계절을 누릴 수 있다는 것이 기적입니다.

살아 있는 한 저에게는 희망이 있습니다. 우리에게 희망이 있습니다. 오늘보다 내일 더 좋아질 거니까요.

이 책을 읽으며 부디 희망을 갖게 되길 바랍니다. 그리고 모두가 행복하길 진심으로 바랍니다.

시처럼 살기로 했다

2021년 6월 15일 초판 1쇄 발행

지 은 이 박애란
이 메 일 gracepark69@naver.com
교   정 박은자
디 자 인 디자인이츠
펴 낸 곳 한덤북스
신고번호 제2009-6호
등록주소 서울시 영등포구 문래로 164 영등포 SK 리더스뷰 2동 3803호
팩   스 (02) 862-2102

ISBN 979-11-85156-34-7 03190
정 가 13,500원